4

학생용 워크북

학습치료 프로그램

효과적인 읽기 및 필기 전략

최정원 · 이영호 공저

학지사

머리말

좋은 학업 성취를 위해서는 평균 이상의 지능, 학습능력, 공부에 필요한 구체적인 인지적 기술을 적절히 갖추고 있어야 한다. 이와 아울러 학습에 대한 긍정적인 생각과 태도, 목표의식, 동기 수준, 안정감, 자기 조절, 좌절을 견디는 힘, 노력과 끈기, 유연하고 창의적인 사고 및 자율성 등의 심리적 특성도 매우 중요하다.

예컨대, 지능이 우수하다고 할지라도 학습 동기가 부족하다면 결과적으로 좋은 성적을 거두기 어렵다. 또한, 지능과 학습 동기는 충분하지만 시험불안이 높은 경우와 학교, 또래관계 및 가족관계 등에서 스트레스와 심리적 불편감이 심한 경우에는 학습능률이 저하되며, 따라서 능력 발휘의 기회는 제한될 수밖에 없다.

학습치료 프로그램의 목표는 이와 같이 학업 성취에 영향을 미치는 다양한 원인들 간의 복합적인 관계를 파악하고 교정하여, 학업성취도를 향상시킬 수 있도록 하는 것이다. 이 프로그램은 총 12개 영역으로 구성되어 있으며, 그 내용은 다음과 같다.

1. 학습동기 향상 전략
2. 주의집중력 향상 전략
3. 기억력 향상 전략
4. 효과적인 읽기 및 필기 전략
5. 사고력 향상 전략
6. 효과적인 외국어 학습 전략 : 영어
7. 수학적 문제해결 전략
8. 기초학습능력 향상 전략
9. 시험불안 다루기 전략
10. 시험 전략
11. 효과적인 시간 및 공간 관리 전략
12. 학업 스트레스 관리 전략

다양하고 광범위한 학습 자료를 효과적인 방식으로 읽고 정리하는 것은 학습 능률을 향상시키는 데 필수적이다. 요즈음 교과서를 보면 과거와는 달리, 그림도 많고 읽기도 편하며 정리도 잘 되어 있다. 교과 자료를 어떻게 배열하고 제시하느냐에 따라 학습에 대한 흥미, 집중도 및 효율성이 달라지듯, 학생 스스로 학습 자료를 어떻게 정리하고 관리하느냐 하는 것은 학업 성취에 많은 영향을 미칠 수 있다.

효과적인 읽기 및 필기 전략은 읽기를 위한 준비 활동과 핵심 찾기, SQRW를 포함하는 읽기 및 필기 전략 훈련을 통해 학습 내용에 대한 이해와 깊이를 더하고, 기억 및 조직화 능력을 향상시키는 것을 목표로 한다. 글을 시각화하는 것은 다감각적이고 통합적인 학습 방법의 하나로 시연, 정교화, 조직화 등의 학습의 기본 원리를 포함하고 있으며, 이는 학습 내용에 대한 심층적인 처리를 가능하게 하여 학업 성취에 긍정적 영향을 미칠 수 있다. 또한 객관적, 추론적, 비판적, 평가적, 감상적 읽기 활동을 촉진할 수 있어서 논술에 효과적으로 대비하는 데도 도움을 줄 수 있다. 효과적인 읽기 및 필기 전략 프로그램은 세부 활동별로 31개의 프로그램이 포함되어 있으며, 읽기이해력 및 속도를 증진시킬 수 있는 방법, 경청 기술을 향상시킬 수 있는 지침, 수업과정별 노트필기법, 핵심 찾기, 강조기법의 활용 및 글의 종류에 따른 노트필기의 다양한 형태 등이 다루어진다.

2006년 7월

저자대표 최 정 원

e-mail: wise-mind@hanmail.net

차례

효과적인 읽기 및 필기 전략

1. 학습 준비

2. 효과적인 읽기 및 필기 전략

학생용 워크북

학습치료 프로그램

효과적인 읽기 및 필기 전략

1. 학습 준비
2. 효과적인 읽기 및 필기 전략

효과적인 읽기 및 필기 전략 프로그램의 내용 및 세부 활동

프로그램의 내용	세부 활동	
학습 준비	읽기 시작 단계에서 주의집중하기	
	읽기 이해력을 증진시킬 수 있는 방법	
	읽기 속도를 증진시킬 수 있는 방법	
효과적인 읽기 및 필기 전략	가이드라인	•노트필기란? •효과적인 필기를 위한 경청 기술 향상법 •노트필기를 위한 가이드라인 •수업 과정별 노트필기법
	핵심 찾기	•핵심 개념의 특성을 파악하기 •핵심 개념에 표시하기
	밑줄긋기	•밑줄긋기를 위한 가이드라인 •밑줄긋기 연습
	줄여쓰기	•줄여쓰기의 정의 •줄여쓰기 연습 : 단어 및 개념 줄여쓰기 •줄여쓰기 연습 : 자신만의 줄임말 목록을 만들어 보기 •문장 및 지문 줄여쓰기
	SQRW 전략	•SQRW의 정의 •SQRW의 단계별 활동 내용 •SQRW의 예시 •SQRW 연습
	코넬 노트필기법	•코넬 노트필기법이란? •코넬 노트필기법의 형식 •코넬 노트필기법의 예 •코넬 노트필기법 연습
	글의 종류에 따른 노트필기의 다양한 형태	•기본적 맵핑법(지도 그리기법) •수직형 맵핑법(폭포수 방법) •수평형 맵핑법(화살법) •핵심어 나열법(캔디법) •주제별 정리법(나뭇가지법) •논증법(추론법) •대비법 •연대기법(시대 흐름법)

1. 학습 준비

1) 읽기 시작 단계에서 주의집중하기

주의산만을 일으킬 수 있는 원인을 찾고 적절한 대응책을 마련하기	나는 언제/왜 주의집중이 잘 안 되나?
읽기를 위한 가장 좋은 장소와 시간을 찾기	가장 집중이 잘 되는 시간과 장소는?
협력이 필요한 것이 아니라면 혼자서 읽기	동료들과 함께 할 때 좋은 점과 그렇지 않은 점은?
읽는 장소와 시간을 규칙적으로 정하기	읽는 장소와 시간을 정한다면?
만약 집중에 도움이 된다면 작은 소리로 배경 음악을 틀어 두기	어떤 음악을 틀면 좋을까?

2) 읽기 이해력을 증진시킬 수 있는 방법

읽고 있는 내용을 더 잘 이해하기 위해서 실천해야 할 일

1. 읽기와 학습하는 과정에서 지속적으로 지식을 쌓기	단어, 사실 및 아이디어가 많아지면 새로운 읽기 과제에 대한 이해력을 향상시킨다.
2. 읽기의 목적이 무엇인지를 파악하기	읽기의 목적이 이해인지, 감상인지, 과제 준비인지, 시험 대비인지, 단순히 즐기기 위한 것인지 등을 분명히 한다. 목적이 분명할 때 무엇을 해야 하는지, 어떻게 해야 하는지, 어디에 집중해야 하는지 알 수 있다.
3. 읽기 과정에서 긍정적으로 생각하고 자신을 칭찬하기	이해가 어렵더라도 '나는 머리가 나쁜가 봐.' '이해력이 부족한 것은 아닐까.'라고 생각하는 대신 '좀 더 읽으면 확실히 알 수 있을 거야.' '배움의 길은 험난하지만 그 결실은 달다. 그러니까 열심히 노력하자.'라고 생각한다.
4. 자신이 읽고 있는 과정에서 대해서 검토하고 평가하기	줄거리, 핵심어, 이전에 배운 것과의 관련성 등에 대해서 나름대로 질문하고 정리하면서 글을 읽는다.

2, 3, 4문항에 대해서 4주간 실천하면서 실천 정도를 평가해 보세요.
0% (전혀 실천하지 못했다) ~ 100% (매우 실천을 잘했다)

		월	화	수	목	금	토	일
2번	1주							
	2주							
	3주							
	4주							
3번	1주							
	2주							
	3주							
	4주							
4번	1주							
	2주							
	3주							
	4주							

3) 읽기 속도를 증진시킬 수 있는 방법

읽기 속도를 증진시키기 위한 방법이 제시되어 있습니다. 선생님의 안내에 따라 각 내용들을 실천하면서 실천 정도를 평가해 보세요(1주~2주).

0% (전혀 실천하지 못했다) ~ 100% (매우 실천을 잘했다)

실천 사항		월	화	수	목	금	토	일	총점
단어 하나하나에 집중하기보다는 덩어리나 군 단위로 읽기	1주								
	2주								
손가락이나 펜으로 가리키면서 읽는 것을 삼가기(단, 정독을 하는 경우는 제외)	1주								
	2주								
단어 하나하나에 시선을 집중하는 대신 좌우로 신속하게 눈동자를 움직이며 역동적으로 읽기	1주								
	2주								
기본 시선은 문서의 중앙에 위치해 두기	1주								
	2주								
소리 내어 읽는 것을 삼가기(기초학습능력 향상의 경우 제외)	1주								
	2주								
속도에 집중할 경우 단어 하나하나의 의미를 되새기려 하지 말기	1주								
	2주								

읽기 속도를 증진시키기 위한 방법이 제시되어 있습니다. 선생님의 안내에 따라 각 내용들을 실천하면서 실천 정도를 평가해 보세요(3주~4주).

0% (전혀 실천하지 못했다) ~ 100% (매우 실천을 잘했다)

실천 사항		월	화	수	목	금	토	일	총점
단어 하나하나에 집중하기보다는 덩어리나 군 단위로 읽기	3주								
	4주								
손가락이나 펜으로 가리키면서 읽는 것을 삼가기(단, 정독을 하는 경우는 제외)	3주								
	4주								
단어 하나하나에 시선을 집중하는 대신 좌우로 신속하게 눈동자를 움직이며 역동적으로 읽기	3주								
	4주								
기본 시선은 문서의 중앙에 위치해 두기	3주								
	4주								
소리 내어 읽는 것을 삼가기(기초학습능력 향상의 경우 제외)	3주								
	4주								
속도에 집중할 경우 단어 하나하나의 의미를 되새기려 하지 말기	3주								
	4주								

2. 효과적인 읽기 및 필기 전략

1) 가이드라인

(1) 노트필기란?

정 의	노트필기는 중요한 학습기술의 하나로서, 학습 내용을 자기 스스로 정리하여 기록해 두는 것을 말한다.
가 치	•노트필기는 공부와 시험에 필요한 자료를 스스로 만드는 것이며, 동시에 배운 내용을 자기것으로 만드는 과정이다. •노트필기는 보다 적극적으로 학습할 수 있도록 한다. •노트필기는 비판적/체계적으로 사고할 수 있도록 한다. •노트필기는 교과서에서 제시되는 것 이상의 학습이 이루어질 수 있도록 한다. •노트필기는 복습의 기회를 제공해 줄 수 있다. •효과적인 필기법은 기억, 학습, 진학 및 취업 등 삶의 여러 영역에서 유용한 자원이 될 수 있다.
효과적인 노트필기는 학습의 깊이를 더해 주고 삶의 여러 영역에서 유용한 자원이 된다. (핵심 내용 요약)	

(2) 효과적인 필기를 위한 경청 기술 향상법

다음 각 문항에 대해서 실천하면서 실천 정도를 평가해 보세요(1주~2주).

0% (전혀 실천하지 못했다) ~ 100% (매우 실천을 잘했다)

실천 사항		월	화	수	목	금	토	일	총점
예습을 통해 새로이 배울 학습 내용과 중요 개념에 대해 생각해 보고 수업에 임한다.	1주								
	2주								
가능한 한 선생님이 잘 보이고 수업 내용을 잘 들을 수 있는 자리에 앉는다.	1주								
	2주								
특별히 수업이 시작된 직후와 끝날 무렵에 선생님께서 하시는 말씀은 더 귀 기울여 듣는다.	1주								
	2주								
자신과 환경의 신체적, 물리적 조건을 고려한다(그렇지 않으면 수업에 집중하는 것이 어려울 수도 있다).	1주								
	2주								
학습에 임하는 자세가 효과적인 경청을 방해할 수 있다는 것을 명심한다. 긍정적인 태도를 갖기 위해 노력한다.	1주								
	2주								
토론식이라면 질문과 답변에 적극적으로 참여한다.	1주								
	2주								
매 수업시간에 노트필기를 위한 단기 목표를 정한다(예 : 핵심어 빠뜨리지 않고 적기).	1주								
	2주								
수업 중에 답을 얻을 수 있는 몇 가지 질문을 미리 생각해 둔다.	1주								
	2주								
새로운 학습 내용을 이미 알고 있던 지식과 관련지어 생각해 본다.	1주								
	2주								
필기는 한 번에 그치는 것이 아니라 지속적으로 하는 습관을 들인다.	1주								
	2주								

다음 각 문항에 대해서 실천하면서 실천 정도를 평가해 보세요(3주~4주).

0% (전혀 실천하지 못했다) ~ 100% (매우 실천을 잘했다)

실천 사항		월	화	수	목	금	토	일	총점
예습을 통해 새로이 배울 학습 내용과 중요 개념에 대해 생각해 보고 수업에 임한다.	3주								
	4주								
가능한 한 선생님이 잘 보이고 수업 내용을 잘 들을 수 있는 자리에 앉는다.	3주								
	4주								
특별히 수업이 시작된 직후와 끝날 무렵에 선생님께서 하시는 말씀은 더 귀 기울여 듣는다.	3주								
	4주								
자신과 환경의 신체적, 물리적 조건을 고려한다(그렇지 않으면 수업에 집중하는 것이 어려울 수도 있다).	3주								
	4주								
학습에 임하는 자세가 효과적인 경청을 방해할 수 있다는 것을 명심한다. 긍정적인 태도를 갖기 위해 노력한다.	3주								
	4주								
토론식이라면 질문과 답변에 적극적으로 참여한다.	3주								
	4주								
매 수업시간에 노트필기를 위한 단기 목표를 정한다(예 : 핵심어 빠뜨리지 않고 적기 등).	3주								
	4주								
수업 중에 답을 얻을 수 있는 몇 가지 질문을 미리 생각해 둔다.	3주								
	4주								
새로운 학습 내용을 이미 알고 있던 지식과 관련지어 생각해 본다.	3주								
	4주								
필기는 한 번에 그치는 것이 아니라 지속적으로 하는 습관을 들인다.	3주								
	4주								

(3) 노트필기를 위한 가이드라인

〈핵심 내용과 관련된 단서들의 예〉 ■ 칠판에 기록 ■ OHP나 컴퓨터 등의 주변기기의 활용 ■ 목소리의 톤이나 말의 속도 ■ 중요하다고 강조하는 것 ■ 반복적으로 표현되는 것 〈필기 방식의 예〉 ■ 리스트 작성 ■ 순서/계열 ■ 비교 ■ 원인과 결과 ■ 문제와 해결 ■ 분류 ■ 정의 ■ 사례 제시	•과목별로 각기 다른 노트 혹은 구획이 나눠진 노트를 사용한다. 또한 노트는 사용하기 쉬운 위치에 순서대로 질서 있게 놓아 둔다. •수업일자와 학습 내용을 기록해 둔다. •문제를 직접 풀어야 하는 과목을 제외하고는 연필보다는 볼펜 등을 사용한다. •선생님께서 설명한 모든 내용을 적는 것이 아니라 핵심을 기록한다. •선생님의 행동이나 말을 통해 핵심 내용에 대한 단서를 찾는다. •사실적인 내용 그대로를 학습해야 하는 과목을 제외하고는 의미를 바꾸지 않는 한도 내에서 내용을 의역한다. •새로운 학습 내용을 기존의 것과 관련짓기 위해 노력하고, 의문점에 대해서는 질문한다. •수업 전이나 초반에 학습해야 할 내용을 대략적으로 파악하여 이에 적합한 필기 방식을 동원한다. •약기법이나 기호 등을 사용한다. •특히, 이해가 불분명하거나 충분하지 않다고 생각되는 경우에는 여백g을 많이 남겨 둔다. •모든 수업에 빠지지 않고 참석한다.

(4) 수업 과정별 노트필기법

수업 전에 해야 할 일	앞서 배운 시간의 노트 내용을 훑어보기
	필요한 자료를 준비하기(교과서, 필기구, 파일 등)
	경청하고 필기할 적극적인 마음의 자세를 갖추기
	조직화할 준비를 하고 수업에 임하기
수업 중에 해야 할 일	주제와 핵심어를 적기
	중요한 세부 내용을 적기
	선생님이 강조하고 있는 내용과 단서에 주목하기
	여백을 남겨 두고 기록하기
	적절히 질문하기
	토론이 이루어지거나 수업이 마무리될 때까지 필기를 소홀히 하지 않기(경청해야 할 경우 제외)
수업 후에 해야 할 일	필요하다면 선생님께 수업 중에 하지 못한 질문하기
	수업 중에 기록하지 못한 것이 있을 때 친구의 도움을 청하기
	하루를 마무리하기 전에 필기 내용을 복습하기
	하루를 마무리하기 전에 필기 내용을 고치거나 보충하기

위의 내용을 4주간 실천하면서 그 점수를 매겨 보세요.

0% (전혀 실천하지 못했다) ~ 100% (매우 실천을 잘했다)

		월	화	수	목	금	토	일	총점
수업 전	1주								
	2주								
	3주								
	4주								
수업 중	1주								
	2주								
	3주								
	4주								
수업 후	1주								
	2주								
	3주								
	4주								

2) 핵심 찾기

(1) 핵심 개념의 특성을 파악하기

핵심 개념이란 문장, 단락 및 지문 등에서 가장 중요한 개념으로서 이를 정확히 파악하면 이해력이 증진될 뿐 아니라, 읽기의 속도도 증진되어 학습의 효율성을 증진시킬 수 있습니다. 핵심 개념이 갖고 있는 특성을 살펴보면 다음과 같습니다.

핵심 개념이 갖고 있는 특성
• 주로 처음에 제시되는 것 • 반복적으로 제시되는 것 • 추가적인 설명이나 부연 설명이 많은 것 • 처음에 나왔다가 마지막에 다시 제시되는 것 • 필자 스스로 '강조한다면, 요약하면, 중요 핵심은, 결론적으로, 특히, 무엇보다도' 등으로 강조하고 있는 것 • 번호를 매긴 것 • 크기나 모양이 강조된 것 • 그림으로 제시되어 있는 것

(2) 핵심 개념에 표시하기

다음의 지문을 보고 핵심 개념이라고 생각되는 단어나 문구에 표시해 보세요.

예 시 보 기

자력구제란 자기의 권리를 확보하기 위하여 사법부의 사법 절차에 의하지 않고 스스로 실력을 행사하여 권리를 찾으려는 행동을 말한다.

1 국민의 기본권은 절대적인 것이 아니어서 국가의 안전 보장, 질서 유지 또는 공공복리를 위하여 필요한 경우에 제한할 수 있다. 그러나 이러한 기본권의 제한 내용은 법률로써만 가능하다.

2 개인이 사회생활을 하면서 꼭 해야 하는 일을 의무라고 한다. 국민이 지켜야 할 의무로는 ① 근로의 의무, ② 납세의 의무, ③ 국방의 의무, ④ 교육의 의무, ⑤ 환경 보전의 의무, ⑥ 재산권 행사의 공공복리의 의무 등이 있다.

3 물속에서는 중력과 반대 방향으로 물이 물체를 밀어 올리는 힘이 생겨 물체의 무게가 줄어드는데, 이 힘을 부력이라고 한다. 부력이 물에 잠긴 물체의 무게보다 작으면 물체는 가라앉고, 같거나 크면 물체는 물에 뜬다.

4 The world is like a looking-glass; if you smile, it smiles; if you frown, it frowns back. If you look at it through a red glass, all seems red and rosy; if through a blue, all blue; if through smoked one, all dull and dingy. Always try to look at the bright side of things.

5 우선, 글의 목적이 무엇을 알리는 데 있는가, 아니면 자신의 느낌을 표현하는 데 있는가에 따라 글의 구성과 표현 등이 달라진다. 예를 들어, 무엇을 알리는 데 목적이 있다면, 글쓴이는 정보를 정확하게 전달하기 위해서 논리적 순서를 고려하여 글의 내용을 구성하고 객관적인 표현을 많이 사용한다. 그러나 느낌을 표현하는 데 목적이 있다면 자유로운 구성과 주관적인 표현을 주로 사용한다.

[출처 : 초등6 사회·과학, 중1 국어 교과서, 맨투맨 종합영어]

3) 밑줄긋기

(1) 밑줄긋기를 위한 가이드라인

효과적인 밑줄긋기 방법

- 연필보다는 볼펜이나 수성펜 등을 사용하고, 강조하기(highlight)가 주목적이 아니라면 형광펜을 사용하지 않는다.
- 핵심 주제와 다른 중요한 아이디어 등을 구분할 수 있는 나름의 체계를 발달시킬 것. 예컨대, 빨강, 녹색의 두 가지 색펜을 사용하여 핵심 주제는 빨강으로, 또 다른 중요 아이디어는 녹색으로 구분한다. 혹은 한 가지 색상을 사용하되, 밑줄을 하나 내지는 둘로 구분하여 사용하는 것도 좋다. 단, 일관성 있고 지속적으로 사용될 수 있는 규칙을 정해 두는 것이 바람직하다.
- 밑줄긋기를 하기에 앞서 사전 지식을 검토할 것. 이미 충분히 알고 있는 것이라면 굳이 밑줄긋기를 하지 않아도 된다. 지나치게 많은 밑줄은 오히려 산만하게 할 수 있다.
- 밑줄긋기는 일단 한 번 읽은 후에 할 것. 앞에 나온 내용보다 더 중요한 내용이 뒤에 나올 수도 있고, 앞에 제시된 아이디어나 관점을 뒤에서 교정하고 재정의하는 경우도 있기 때문이다.
- 글의 내용이나 형식에 따른 필기법의 종류를 아는 것은 효과적인 밑줄긋기를 돕는다.
- 무엇에 밑줄을 그을 것인지 결정하는 데 있어 학습 내용의 제목과 주제를 확인한다.
- 전보식 방식으로 밑줄을 그을 것. 즉, 모든 내용에 줄을 긋기보다는 핵심 용어나 단어에 밑줄을 긋는다.

  예 명사에는 다음과 같은 다섯 가지 종류가 있다. 고유명사는 사람, 사물 등에만 쓸 수 있는 고유의 이름이며 항상 대문자로 쓰기 시작한다. 보통명사는 형태를 가진 사람 또는 사물에 공통적으로 쓰이는 이름이다. 집합명사는 여러 개의 개체가 모인 집합체에 붙여진 이름이다. 물질명사는 일정한 형태가 없는 물질이나 물건의 이름이다. 추상명사는 사물의 성질이나 상태, 행위 또는 일반적인 개념을 나타낼 때 사용되는 이름이다.
- 전보식이라고 할지라도 지나치게 생략하거나 축소해서 밑줄 긋는 일은 삼갈 것. 전달하고자 하는 실제 의미를 놓치거나 구체적인 이해를 어렵게 할 수도 있다.

  예 효과적인 학습 방법은 학습 내용에 대한 이해, 기억 및 학업 성취도를 높일 수 있는 다양한 기억법, 읽기, 노트필기법, 시간 관리 및 시험불안 다루기와 같은 인지적, 초인지적 및 정서적 전략들을 다룬다.
- 한 페이지에 15~20% 이상으로는 밑줄을 긋지 말 것.

(2) 밑줄긋기 연습

다음의 지문을 보고 적절한 곳에 밑줄을 그어 보세요.

예 시 보 기

시조는 우리 민족의 얼과 정서가 담겨 있는 우리 고유의 시가다. 시조는 초장, 중장, 종장의 3장으로 되어 있으며, 각 장은 3~4자 정도로 된 네 개의 마디로 이루어져 있다.

1 세계의 4대 문명 중 중국 문명이 황하 유역에서 일어났다. 황화 유역은 대륙성 기후로 건조한 데다가, 비옥한 황토가 퇴적되어 황토 지대를 형성하여 농경에 적합한 조건을 가지고 있었다.

2 지구 온난화란 이산화탄소 등 온실 기체에 의해 지구의 평균 기온이 올라가는 현상을 말한다. 이는 산업혁명 이전에도 자연계에 있었던 현상이나, 20세기 들어서 석탄, 석유와 같은 화석 연료 사용량의 증가, 삼림 벌채 등으로 인해 그 속도가 빨라지고 있다. 지구 온난화 현상을 방지하는 방법으로는 대체 에너지, 이산화탄소 고정화 기술 개발, 개개인의 에너지 절약을 위한 노력 및 국제 간의 협력 등을 들 수 있다.

3 생태계란 일정한 지역의 생물 공동체와 이들의 생명 유지의 근원이 되는 무기적 환경이 서로 복잡한 상호 의존관계를 유지하면서 균형과 조화를 이루는 자연의 체계를 말한다.

4 옴부즈맨이란 행정 기능의 확대·강화로 행정에 대한 입법부 및 사법부의 통제가 실질적인 효과를 거둘 수 없게 되자, 이에 대한 보완책으로서 국회를 통해 임명된 조사관이 공무원의 권력 남용 등을 조사·감시하는 행정 통제 제도다.

5 서양 의학의 한계를 절감한 세계는 대체의학이라는 이름으로 동양 의학 등에 커다란 관심을 기울이고 있다. 우리 한의학은 동양 의학의 대명사처럼 불리는 중국 전통 의학과는 달리, 체질에 따라 치료를 달리하는 독특한 사상의학을 발달시켜 왔다. 우리의 소중한 문화유산인 한의학이 우리 땅에서 생산되는 한약재에 뿌리를 두고 있음은 말할 것도 없다. 그런데 최근 농산물 수입 개방과 함께, 값싼 중국산 한약재가 밀려들어 오면서 우리 한약재의 생산 기반이 무너질 위기에 처했다. 한약재 재배를 포기하는 농가가 늘어나면서 씨앗과 씨뿌리조차 사라져 가는 사태가 벌어지고 있다. 재배 농가를 위해서뿐만 아니라, 독특한 효능을 가진 생물 자원을 보호하고 한의학을 발전시키기 위해서도 우리 한약재를 지키고 살려 내는 일이 시급하다.

6 The physical geography of a country has much to do with molding the characters and shaping the history of its people. Mountains, isolating neighbouring communi -ties, foster the sprit of local patriotism; the sea, rendering intercourse with distant countries easy, awakens the sprit of adventure and develops commercial enterprise.

7 A country's economic well-being and her role in international affairs depend in no small measure upon her skill in communicating with the rest of the world. And most important of all is the matter of understanding the outside world and being understood by it. For durable peace to be established, we need a fundamental basis of mutual understanding.

[출처 : 초등6 사회·과학·국어 교과서, 맨투맨 종합영어]

4) 줄여쓰기

(1) 줄여쓰기의 정의

줄여쓰기란 학습 내용을 짧게 줄여 쓰는 것을 말합니다. 컴퓨터로 말하자면, 동일한 양의 정보라도 압축파일을 사용하는 경우 차지하는 용량이 줄어드는 것과 마찬가지로, 사람의 두뇌도 이와 비슷합니다. 줄여쓰기는 쓰기 속도와 함께 공부한 내용에 대한 기억을 증진시켜 줄 수 있습니다.

짧게 줄여쓰기의 예

- 일반적인 약어(abbreviations)의 예

↑	상승, 증가	>	점진적 감소, ~보다 크다
↓	하강, 감소	vs	versus; against
=	동의어, 유의어	cf	비교
⇔	반의어, 대조	p	페이지
∵	왜냐하면	Q	질문
∴	그러므로	w	with
±	범위	w/o	without
+	추가, 첨가	→	이로 인한 결과
−	경감, 빼기	←	어떤 결과로서
※, ★	중요한 것	or	혹은
≠	다르다, 차이	&	그리고
≈	약, 대략	etc	기타
#	번호	%	비율
ex, eg	사례	?	의문, 질문
<	점진적 증가, ~보다 작다	₩	(화폐 단위)원

• 앞글자 혹은 부분글자로 대치하기의 예

infor	information	max	maximum
관대	관계대명사	Math	Mathematics
min	minimum	Eng	English

• 자기 스스로 일정한 규칙을 만들기의 예

b4	before	✔	나중에 봐야 할 것
th	teacher	T	시험에 나올 것
ct	client	dic	사전 찾아볼 것
Imp	매우 중요한 것	OK	이해 및 준비가 다 된 것
?	이해 안 되는 것	◐	반 정도 이해된 것

• 문장 약기의 예

■ 멘델은 1896년 식물 잡종에 관한 실험에서 완두를 재료로 한 교배 실험을 통하여 일반적인 유전의 법칙을 입증할 수 있는 통계학적 규칙을 발표하였다. 멘델의 법칙에서 사용되는 중요한 유전 용어는 모양, 색깔, 성질 등을 나타내는 형질, 표현형과 유전자형, 순종과 잡종, 자가수분 등이 있다.

멘델 유전의 법칙
1) by 1896년 식물 잡종에 관한 연구
2) 중요한 유전 용어
① 형질 ② 표현형 vs 유전자형
③ 순종 vs 잡종 ④ 자가수분

■ 우리가 섭취해야 할 음식 중에 꼭 포함되어야 할 영양소를 필수영양소라고 부르는데, 여기에는 탄수화물, 지방, 단백질, 무기질, 비타민이 포함된다.

5대 필수영양소(탄, 단, 무, 지, 비)

(2) 줄여쓰기 연습 : 단어 및 개념 줄여쓰기

다음 단어를 짧게 줄여 보세요.

예 시 보 기

- 헌법소원심판 ⇨ 헌소심
- 이동성 고기압 ⇨ 이동고

1 자기실현 ____________________

2 조선왕조실록 ____________________

3 December ____________________

4 국민기초생활보장법 ____________________

5 피타고라스의 정리 1 ____________________

6 관성의 법칙 ____________________

7 직지심체요절 ____________________

8 자음동화 ____________________

9 코페르니쿠스 ____________________

10 엘니뇨 현상 ____________________

(3) 줄여쓰기 연습 : 자신만의 줄임말 목록을 만들어 보기

앞에서 살펴본 일반적인 줄여쓰기 목록의 내용과 함께 자주 사용하는 자신만의 줄임말 목록을 작성해 보세요.

(4) 줄여쓰기 연습 : 문장 및 지문 줄여쓰기

다음 문장이나 지문을 짧게 줄여 보세요.

예 시 보 기

설명문은 어떤 대상에 대하여 글쓴이가 알고 있는 것을 독자들이 정확하게 이해할 수 있도록 쉽게 풀어 쓴 글이다.

⇨ 설명문 : 어떤 대상에 대해 쉽게 풀어 쓴 글

1 문장의 명료성이란 뜻이 명확하게 전달되도록 문장을 간결하게 쓰는 것을 말한다.

2 비유란 말하려는 대상이 독자에게 낯선 것일 때, 익숙한 것으로 나타내어 독자의 이해를 쉽게 한 표현의 한 방법을 말한다.

3 설화란 일정한 구조를 가진 꾸며 낸 이야기로 역사적 이야기나 현재적 사실을 말하는 것은 설화가 아니다. 대부분 입에서 입으로 전해지며 신화, 전설, 민담으로 나뉜다.

4 판소리란 극적인 요소를 지닌 노래로서 판소리를 하는 사람이 혼자서 온갖 몸짓을 해 가며 부르며, 대표적으로 심청가, 춘향가, 적벽가 및 수궁가 등이 있다.

5 문제와 해결의 짜임으로 된 글은, 어떤 문제를 제기하고 그에 대한 해결 방안을 제시하는 방식으로 쓴 글을 말한다. 문제와 해결의 짜임으로 된 글을 읽을 때에는 '문제'와 '해결 방안'을 정리하며 읽는 것이 좋다.

6 요약하기란 글의 주요 내용을 간추리며 정리해 나가는 과정을 말한다. 즉, 내용이 긴 글을 읽고 자신의 경험과 정보를 살려 글의 중심 내용을 간략하게 줄여서 그 글의 의미를 파악하거나 재구성하는 것을 말한다.

7 한 편의 극본이 연극으로 상연되기까지에는 여러 분야 사람들의 협동 작업이 필요하다. 작가는 극본을 쓰고, 연출가는 연출 계획을 짜서 연출을 하며, 배우는 연출자의 지시에 따라 연기를 하고, 미술, 음악, 무용 등을 맡은 사람들은 각각 자기가 맡은 일을 한다. 그리고 관객이 이를 보고 감상함으로써 연극은 끝나는 것이다.

8 살아가면서 이런저런 관계 속에서 갈등이 생기는 것은 어쩔 수 없다. 갈등이 있는 것은 어쩔 수 없다 해도 그 갈등을 전쟁이나 폭력, 억압이나 강요에 의해 해결하는 것은 문제가 된다. 갈등은 피할 수 없지만 갈등을 해결하는 방식은 선택할 수 있다. 그래서 인권이 추구하는 평화는 단순히 전쟁이 없는 상태만이 아니라, 사회에서 벌어지는 온갖 갈등이 평화적인 방법으로 해결되는 것을 말한다. 평화를 사랑하는 인권은 서로의 다른 점, 즉 차이에 대한 이해와 존중을 추구한다.

9 같은 글을 읽더라고 읽는 목적에 따라 글을 요약하는 방법이 다르다. 예를 들어, 전기문을 읽는 목적은 인물의 삶의 발자취를 알아보거나, 교훈이나 감동을 얻거나, 인물이 살았던 시대적 배경을 알아보는 것 등 여러 가지다. 글을 읽는 목적이 첫 번째 경우라면 시간의 흐름에 따라 인물이 한 일을 요약하고, 두 번째 경우라면 인물이 한 말이나 행동 중에서 감동적인 부분을 중심으로 요약하고, 세 번째 경우라면 시대적 배경을 보여 주는 정보를 중심으로 요약한다.

[출처 : 고등국어(상) 교과서]

5) SQRW 전략

(1) SQRW의 정의

SQRW란 교과서의 내용을 이해하고 체계적으로 정리할 수 있도록 돕는 학습 전략 중의 하나입니다. 각 단계의 의미를 살펴보면 다음과 같습니다.

S Survey의 앞글자로서 공부해야 할 책이나 교과서에 대하여 대략적으로 훑어보는 것을 의미한다.

Q Question의 앞글자로서 공부해야 할 책이나 교과서에 대하여 대략적으로 훑어보면서 의문점이나 궁금한 사항들에 대하여 스스로 질문해 보는 것을 의미한다.

R Read의 앞글자로서 공부해야 할 책이나 교과서를 정독하는 것을 의미한다.

W Write의 앞글자로서 공부한 내용을 필기하는 것을 의미한다.

(2) SWRW의 단계별 활동 내용

SQRW의 각 단계에서 구체적으로 할 수 있는 활동을 살펴보면 다음과 같습니다.

Survey : 훑어보기

- 공부해야 할 각 장이 어떤 단원에 포함된 내용인지 살펴본다.
- 큰 제목, 목차, 작은 제목을 확인한다.
- 학습 목표나 활동으로 소개하고 있는 내용을 본다.
- 그림이나 도표를 살펴본다.
- 요약 혹은 정리에 해당되는 내용을 본다.
- 짧은 글이라면 어떤 장르에 해당되는지, 무엇에 관한 내용인지 살펴본다.

Question : 스스로 질문하기

- 글의 내용을 학습 목표나 활동의 주제와 관련시킨다.
  예 학습 목표와 직접적으로 관련된 부분은 어디지?
- 이미 학습한 내용이라면 배운 내용을 기억하며 중요한 내용을 찾는다.
  예 여기서 선생님이 중요하다고 강조한 내용이 뭐였지?
- 줄거리, 주제, 흥미, 의문점 등에 대하여 생각하며 읽는다.
  예 이 글의 주인공이 살던 시대의 입시 제도는 어땠을까?

Read : 정독하기

- 전체적인 내용과 흐름에 대한 이해를 가지고 세부 내용들을 자세히 살펴본다.
- 중요한 주제와 관련된 내용에 보다 집중하면서 필요하다면 사전, 참고서 등을 찾는다.
- 스스로 생각해 두었던 질문에 대한 답을 찾는다.

Write : 필기하기

- 줄거리, 주제, 핵심 등을 기록한다.
- 예상 문제를 만들어 보고 풀이한다.
- 마인드맵, 다양한 필기법을 활용하여 알아보기 쉽게 공부한 내용을 정리한다.

(3) SQRW의 예시

글감에 대하여 SQRW를 적용한 예

■ 구체적으로 어떤 내용일까? ■ 함께 한 사람들은 누구? ■ 무엇을 공부했을까? ■ 당시, 독일의 사회상은 우리나라와 얼마나 달랐을까?	'압록강은 흐른다'의 글쓴이 이미륵(1899～1950)은 황해도 해주에서 태어났다. 3·1운동 직후에 독일로 건너간 후, 그곳에서 작가 생활을 하다가 고국에 돌아오지 못하고 생을 마쳤다. 1946년, 독일에서 출판된 이 작품은 출판 당시 제2차 세계 대전 이후 독일어로 쓰인 가장 빼어난 문장이라는 평가를 들으며, 독일의 중학교 교과서에 실리기도 하였다. 글쓴이는 이 작품을 통하여 한국의 역사와 문화를 유럽에 소개하여 한국에 대한 세계인의 이해를 깊게 하는 데 크게 기여하였다. '압록강은 흐른다'의 줄거리는 다음과 같다. 구한말에 태어난 주인공 '나'는 어릴 때에는 서당에서 한학을 공부하다가, 신식 학교에서 서양식 교육을 받게 된다. 도중에 아버지를 여의고 건강도 나빠지자 학교를 그만둔 뒤, 혼자서 공부를 계속한다. 대학에 입학하여 3학년이 되던 해, 3·1운동이 일어나자, '나'는 동료 대학생들과 더불어 항일 운동을 주도하기도 한다. 그러다가 일제의 탄압을 피하여 상해로 망명하여, 상해에서 다시 우여곡절 끝에 유럽으로 향한다. 그리고 파리에 도착하여 독일에서의 학업을 꿈꾸며 이야기가 마무리된다. '옥계천에서'는 우리나라가 일제의 의해 강점되던 해를 배경으로 한다. 125쪽에서 아버지가 '이 험한 일을 겪는 동안에도'라고 한 것은 바로 이러한 시대적 배경을 가리키는 말이다. –'옥계천에서' 중에서–

※ 이 단락의 요점

1. 소설 '압록강은 흐른다'
   1) 지은이 : 이미륵(3·1운동 후 독일로 건너가 집필 활동을 하다가 생을 마감함)
   2) 줄거리 요약 : 혼란스럽고 억압받던 일제 강점기의 우리나라 젊은이의 삶

[출처 : 초등6 국어 교과서]

(4) SQRW 연습

다음 글에 대하여 SQRW를 연습해 보세요.

컴퓨터의 증가는 곧 인터넷 사용의 증가를 가져왔다. 10여 년 전까지만 해도 인터넷은 전문가나 할 수 있는 것이었다. 그러나 초고속 통신망의 등장으로 인터넷은 우리 생활의 중심으로 자리잡았다. 자료 수집, 증권 거래, 물건 사기, 지도 검색, 날씨 확인, 신문 보기, 음악 듣기, 오락 등을 모두 인터넷을 통하여 할 수 있게 되었다.

그러나 인터넷의 확산이 우리 생활에 긍정적인 영향만을 끼친 것은 아니다. 유해한 인터넷 사이트의 확산, 개인 정보의 누출, 표준어의 파괴 등이 새로운 문제로 떠올랐다. 가장 심각한 문제는 욕설이나 비방 등이 인터넷에서 난무하고 있다는 점이다.

인기 연예인이 개설한 홈페이지의 경우, 그 연예인을 지지하고 있는 팬클럽과 다른 연예인을 지지하는 팬클럽 간에 욕설이 난무하는 일이 있다. 또 학생들이 만든 대화방에서는 같은 반 친구를 헐뜯는 글들이 가득 실리기도 한다. 채팅을 하는 경우에도 욕설을 사용하는 경우가 많으며, 이름을 밝히지도 않고 전자우편을 통해 비방과 욕설이 가득한 글을 보내는 경우도 있다. 특히, 한참 유행하고 있는 컴퓨터 게임의 경우, 게이머들이 떼로 몰려다니며 다른 게이머에게 폭언과 욕설을 퍼붓는 일도 있다고 한다.

이처럼 인터넷이 말의 쓰레기장으로 변한 가장 큰 원인은 직접 얼굴을 대하지 않는 데다 자신의 이름을 밝히지 않아도 된다는 특성 때문이다. 또 기성 세대 대부분이 인터넷에 적응하지 못한 상황에서, 인터넷 문화를 이끄는 10대와 20대가 네티켓을 정립해 나가지 못했기 때문이라는 지적도 많다.

[출처 : 초등6 국어 교과서]

6) 코넬 노트필기법

(1) 코넬 노트필기법이란?

코넬 노트필기법은 코넬 대학에 있는 Walter Pauk에 의해 개발된 방법으로서 현재까지 가장 많이 사용되는 필기 방식 중의 하나입니다. 이와 같은 방식의 노트필기는 다음과 같은 효과를 거둘 수 있습니다.

- 학습 내용에 대한 깊이 있는 이해를 돕는다.
- 학습 내용을 한눈에 알아볼 수 있게 한다.
- 학습 내용을 체계적으로 정리하고 조직화하는 데 도움을 준다.
- 학습 내용을 더 잘 기억할 수 있게 한다.
- 학습에 대한 적극적 태도, 책임감 및 동기를 증진시킬 수 있다.

코넬 노트필기법의 사용 방법은 다음과 같습니다.

- 노트의 왼쪽에 약 2.5cm 정도로 수직선을 긋는다. 경우에 따라 좀 더 넓게 해도 무방하다. 이 부분은 단서 컬럼(cue column)이라고 해서 제목, 주제 및 주요 개념을 적는 란이다. 가장 넓은 지면에는 수업 중 다루어지는 내용을 기록한다.
- 노트의 아래쪽에 약 2cm 폭으로 수평선을 긋는다. 이 부분은 위에서 다루어진 내용들에 대한 요약을 정리하는 란이다. 간혹 단어나 새로운 개념을 사전 등을 통해 추가적으로 찾고 기록해 두어야 하는 경우에도 활용될 수 있다.

(2) 코넬 노트필기법의 형식

(3) 코넬 노트필기법의 예

심리적 안녕과 건강을 위해 우리가 할 수 있는 일은?	년 월 일 심리적 안녕과 건강 증진을 위한 자기 노력
① 감정 인식과 수용	-자신에게 일어나는 감정적 경험을 있는 그대로 바라본다. 감정은 가치 판단의 대상이 되지 않으며, 이해가 필요한 반응임을 받아들인다. 다만, 그것이 상황에 적절한 정상적 반응인지 그렇지 않은지 구분해 보는 것이 필요하다. 그리고 수용, 적절한 배출, 도움을 추구하는 행동 등으로 이를 다루는 것이 바람직하다.
② 단점과 취약성에 대한 이해	-자신의 단점과 취약성을 파악하여 그 원인에 대해 분석해 보는 것이 좋다. 어떤 상황에서 긴장감이 높아지고 불편감을 느끼는지 등을 이해해 보려는 노력은 상황에 대한 새로운 관점과 문제 해결에 도움을 준다.
③ 자기 개발	-다양한 분야에서 재능과 흥미를 개발시켜 효능감과 자존심을 향상시킨다. 기능과 능력의 발전에서 비롯되는 효능감은 자신감을 높이는 데 기여한다. 이를 위해서는 다양한 관심, 책임감 및 실천이 요구된다.
④ 타인과의 교류	-인간은 사회적 존재이므로 타인이 제공하는 지원과 위안을 필요로 한다. 타인과의 교류는 자신에 대한 협소한 시각과 불건강한 편견을 해소할 수 있고, 객관적인 조망이 이루어질 수 있도록 돕는다.
⑤ 전문적인 도움 추구	-자기 이해와 자력에는 한계가 있을 수 있으므로 문제와 고통의 경중에 따라 훈련된 전문가에게 도움을 받는 것이 필요하다는 것을 받아들인다. 필요한 순간에 적절히 도움을 추구할 수 있는 것은 성숙과 적응의 지표이기도 하다.

자신의 심리적 안녕과 건강을 증진시키기 위해서는 감정에 대한 이해, 자기 인식, 자기 개발, 타인과의 교류 및 도움 추구 행동이 필요하다.

(4) 코넬 노트필기법 연습

다음 글을 읽고 코넬 노트필기법을 해 보세요.

글의 짜임과 설명문

글의 내용을 효과적으로 전달하기 위해 일정한 질서에 의해 적절한 방법으로 구조화시켜 놓은 것을 글의 짜임이라고 한다. 글 전체의 윤곽을 한눈에 알아볼 수 있고, 글의 내용을 쉽게 이해하고 오래 기억할 수 있다는 것이 글의 짜임을 파악하는 것의 필요성이라 할 수 있다. 글의 짜임을 파악하기 위해 고려해야 할 점은 각 문단의 중심 내용을 요약하고, 글 전체를 몇 부분으로 나누어 보며, 글의 내용 전개 방법을 알아보는 것이다.

설명문의 짜임 방식은 크게 두 가지로 자연적인 질서에 따라 문단이 전개되는 구성 방법이 있고, 논리적 구성이라고 하여 글쓴이의 의도에 따라 논리가 전개되는 구성 방법이 있다. 전자는 다시 세 가지 정도로 구분된다. 일이 일어난 순서에 따라 내용이 전개되는 시간적 구성, 사물이 놓인 차례에 따라 내용이 전개되는 공간적 구성, 물리적 대상이 바뀜에 따라 내용이 전개되는 물리적 구성이 그것이다. 후자는 구성 단계에 따라 전개되는 방법인 단계적 구성, 중심 내용을 어느 한 곳에 두고 내용을 전개하는 방법인 포괄적 구성, 중심 내용이 여러 군데로 분산되어 나타나는 방법인 열거적 구성, 인과관계에 기초한 내용 전개 방법인 인과적 구성, 사건이나 내용의 정도를 점점 중요하게 고조시키는 방법인 점층적 구성으로 구분된다.

[출처 : 중1 국어 교과서]

코넬 노트필기법 연습

7) 글의 종류에 따른 노트필기의 다양한 형태

(1) 기본적 맵핑법(지도 그리기법)

기본적 맵핑법이 적절한 글의 종류는 순서나 위계에 관계없이 주제별로 간략하게 정리할 수 있는 글입니다.

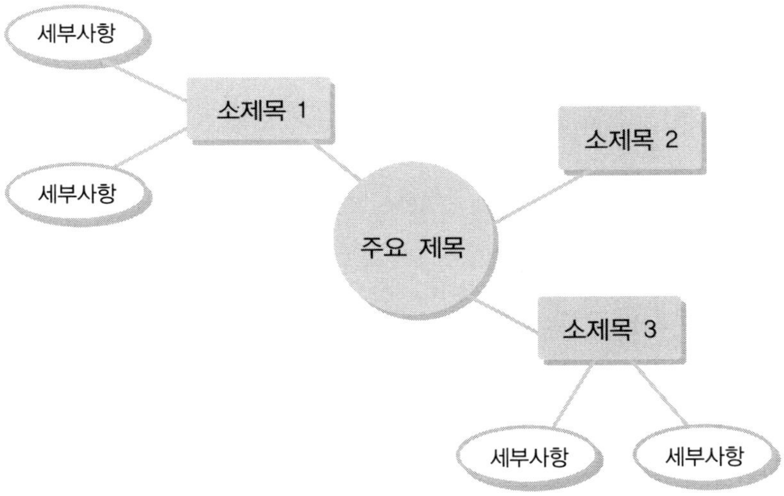

예 시 보 기

국제화 시대의 문화생활

■ 문화 교류와 문화의 다양성

상호 이해와 문화 교류

국제 교류는 국제 사회를 이해하는 바탕이 되며, 우리 사회가 발전할 수 있는 원동력이다. 국제 교류의 종류에는 정부와 정부 간의 외교 교류, 무역을 통한 경제 교류, 운동 경기, 음악, 미술 등을 통한 문화 교류가 있다.

문화의 다양성

문화의 의미를 먼저 살펴보면, 좁은 의미로서는 고상한 문학이나 음악, 미술 등을 나타내는 것이고, 넓은 의미로서는 사람들이 행동하는 모든 생활 양식을 일컫는다. 문화의 내용에는 음식, 옷, 도구, 규범, 가치 등이 포함된다. 문화에는 환경에 따른 삶의 역사가 존재하며, 다른 환경, 다른 역사에서는 다른 문화가 나타난다. 예컨대, 문화적 생활 양식은 사람들이 자연 환경에 적응하면서 만들어 낸 지혜의 산물이다. 초원 지대의 유목민들은 치즈라는 저장 식품을 만들었고, 우리나라는 김치라는 저장 식품을 만든 것이 그 예다.

■ 다른 문화의 이해와 국제 협력

다른 문화의 이해

문화의 종류에는 물질 문화, 정신 문화, 제도 문화 등이 있으며, 문화를 이해하는 관점으로는 문화적 상대주의, 자문화 중심주의, 문화적 사대주의가 있다. 가장 바람직한 태도는 문화마다의 독특한 점을 인정하고 존중하는 태도인 문화적 상대주의다.

[출처 : 중2 사회 교과서]

기본적 맵핑법의 예시

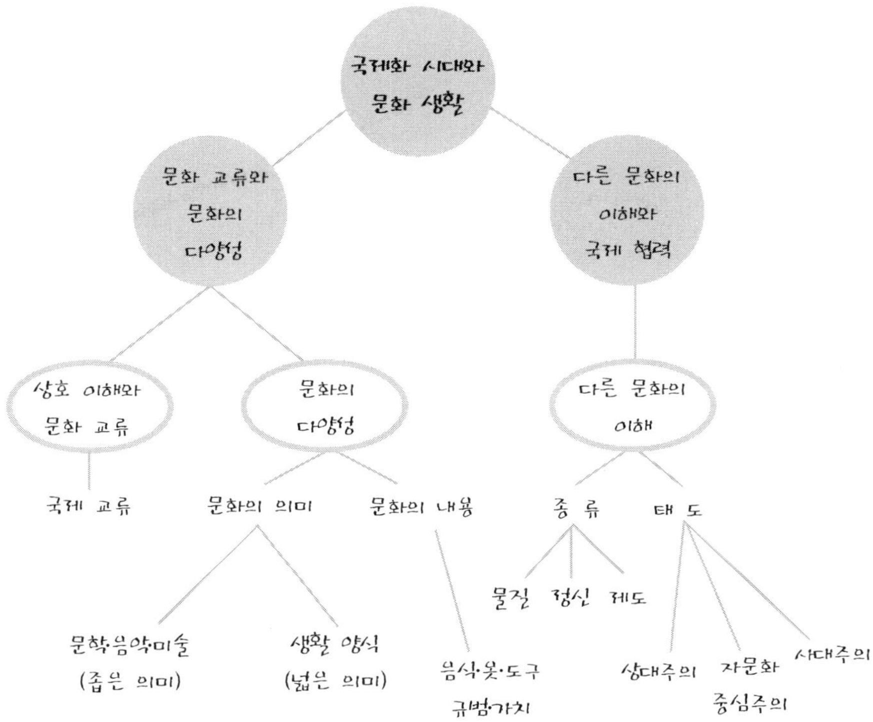
국제화 시대와
문화 생활
문화 교류와
문화의
다양성
다른 문화의
이해와
국제 협력
상호 이해와
문화 교류
문화의
다양성
다른 문화의
이해
국제 교류
문화의 의미
문화의 내용
종 류
태 도
물질 정신 제도
문학·음악·미술
(좁은 의미)
생활 양식
(넓은 의미)
음식·옷·도구
규범·가치
상대주의
자문화
중심주의
사대주의

연 습 문 제

삼국 시대에 만들어진 과학 문화재

■ 석빙고

- 제작 시기 : 신라 지증왕 6년에 만들어졌으며, 현재 경주에 남아 있는 석빙고는 조선 후기 영조 때 만들어졌다.
- 쓰임 : 겨울철에 만든 얼음을 여름에 사용하기 위해 보관하던 창고다.
- 구조 : 바닥, 입구, 천장, 지붕으로 이루어져 있다. 바닥에는 큰 돌을 경사지에 깔아 배수에 유리하게 하였다. 입구는 바람이 들어오는 방향으로 내었다. 천장은 통풍과 온도 유지를 위해서 둥글게 만들었다. 지붕은 환풍구를 만들고, 잔디를 덮어 온도를 조절하도록 하였다.

■ 첨성대

- 제작 시기 : 신라 선덕여왕 때 쌓은 것으로, 현재 동양에 남아 있는 가장 오래된 천문대다.
- 쓰임 : 하늘의 변화를 관측하고 별자리를 살피기 위해 쌓았다.
- 모습 : 도자기 모양이며, 바깥 벽면은 돌로 쌓아 올려 성벽을 떠올리게 한다. 총 360여 개(1년 365일을 의미)의 돌을 이용하여 높이 9.17m로 쌓았다.

■ 성덕대왕 신종

신라 성덕왕의 명복을 빌기 위해 만든 한국 최대의 동종으로 크고 장중하면서도 깊고 맑은 소리를 낸다.

■ 장군총

고구려 고분 가운데 가장 대표적인 것으로, 화강암 표면을 깎아 낸 후 7단의 피라미드형으로 쌓았다. 고구려인의 발달된 석조 기술과 돌을 운반하고 쌓는 기술을 짐작할 수 있다. 약 1500년이 지난 오늘날에도 벽화를 통해 그 당시의 생활 모습을 짐작할 수 있다.

[출처 : 초등5 사회 교과서]

기본적 맵핑법으로 표현해 보기

(2) 수직형 맵핑법(폭포수 방법)

폭포수 방법이 적절한 글의 종류는 개념 간의 크기와 단계가 분명하여 가지를 수직으로 단계적으로 나열해서 기술할 수 있는 글입니다.

주요 제목

⇩

주요 제목에 해당하는 주요 내용

⇩

주요 내용에 해당하는 세부 내용

⇩

세부 내용에 해당하는 보다 자세한 내용

예 시 보 기

국민의 의무

가족 구성원으로 개인이 가정에 필요한 일을 하지 않으면 가족의 생활이 어렵고 불편해지는 것처럼, 개인이 사회 생활을 하면서 꼭 해야 하는 일을 의무라고 한다. 국민의 의무 중에서 납세의 의무와 국방의 의무는 국가를 유지하기 위해서 오래전부터 가장 기본적인 의무라고 여겨져, 고대 국가 때부터 부과된 의무다. 따라서 납세의 의무와 국방의 의무를 고전적 의무라고 부른다. 납세의 의무가 현대 헌법에 의무로 규정된 것은 1789년의 프랑스 인권 선언 이후다. 국가의 재산권을 보장하는 성격을 가지는 동시에 재산권에 대한 일종의 제한이며, 국가 공동체의 재정적 기초를 형성하는 성격을 가진다. 납세와 관련하여 조세는 국가나 지방자치단체가 그 경비에 충당할 재력을 얻기 위하여 일반 국민으로부터 강제적으로 징수하는 금전 또는 재물을 말한다. 누진세는 소득 금액이 커질수록 높은 세율을 적용하도록 하고 낮을수록 낮은 세율을 적용하는 세금 제도다. 누진세는 경제력의 격차에서 오는 소득 간의 불평등을 완화시키는 것으로 고소득자에게는 높은 세금을, 저소득자에게는 낮은 세금을 거두자는 의도에서 시작되었다.

[출처 : 초등6 사회 교과서]

수직형 맵핑법의 예시

국민의 의무

국민으로서 꼭 지켜야 할 일

⇩

(그중) 고전적 의무

납세의 의무 · 국방의 의무

⇩

납세의 의무

국가 공동체의 재정적 기초를 형성

⇩

조세

국민으로부터 징수하는 금전

⇩

누진세

소득에 따른 차별적 세율 적용

연 습 문 제

국민의 권리를 보호하는 법원

개인이 억울한 일을 당하였다 하여 그 일을 스스로 해결하려 하면 힘이 센 자가 지배하는 무질서한 사회가 될 것이다. 따라서 사람들 사이에 다툼이 있는 경우에 법에 따라 판결을 내려 사회 질서를 유지하는 것이다. 법원의 종류에는 헌법재판소(헌법에 관한 다툼의 해결), 대법원(3심), 고등법원(2심, 특허법원), 지방법원(1심, 가정법원, 행정법원) 등이 있다. 우리나라의 법원 제도는 1895년 재판소구성법이 생기면서 시작되었다. 이후 유럽과 미국 등 여러 나라의 근대적 재판 제도를 당시 실정에 따라 변형하여 수용한 것이다.
재판의 종류로는 민사 재판(개인 간의 문제해결을 위한 재판), 형사 재판(사회 질서를 유지하는 재판), 행정 재판(국가를 상대로 보상을 청구하는 재판), 가사 재판(가정 문제를 다루는 재판), 헌법 재판(헌법에 관한 쟁의를 사법적 절차에 따라 해결하는 법률 행위) 등이 있다. 공정한 재판을 위한 제도로 삼심 제도, 삼권 분립이 있다. 1심 재판에서 2심 재판으로 상소하는 것을 항소, 2심 재판에서 대법원으로 상소하는 것을 상고라 한다.

[출처 : 초등6 사회 교과서]

수직적 맵핑법으로 표현해 보기

(3) 수평형 맵핑법(화살법)

수평형 맵핑법이 적절한 글의 종류는 개념 간의 크기나 위계가 비슷한 주제가 다양하게 제시되어 있는 글입니다.

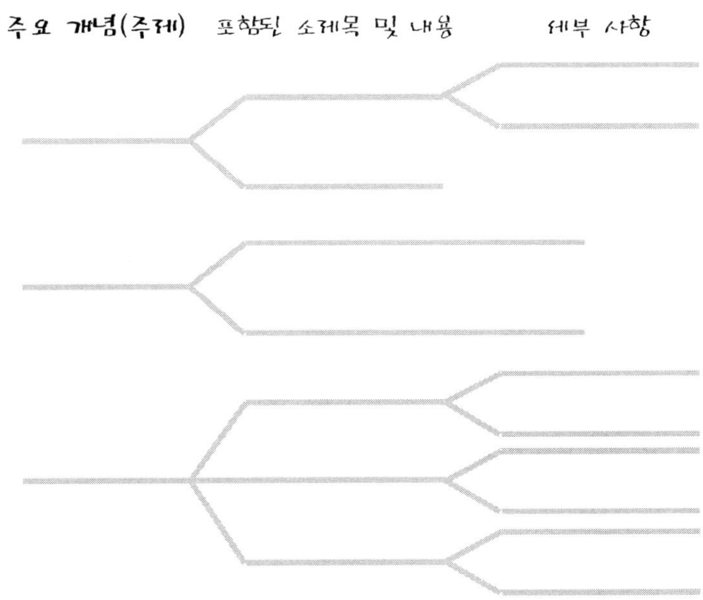

예 시 보 기

중 국

중국은 황하에 둑을 쌓아 홍수를 막으면서 독특한 문명을 이룩하였다. 오랜 역사를 지닌 중국의 도교나 유교 등 사람의 도리에 대한 가르침, 한문, 도자기, 비단, 종이, 화약 등이 세계에 전해졌다.

중국은 세계에서 인구가 가장 많은 나라다. 중국의 면적은 아시아의 5분의 1 정도를 차지하고, 전 세계 육지의 15분의 1을 차지하는 넓은 면적의 영토를 가지고 있다. 넓은 영토를 가지고 있어서 지역에 따라 한랭 기후부터 아열대 기후까지 다양한 기후 모습을 보인다. 황하는 매우 큰 강으로 일찍이 이곳에서 세계적인 문명이 발달하였다. 중국은 본래 넓은 국토를 이용하여 농업이 발달하였으나, 점차 공업 중심으로 바뀌어 가고 있다. 평야 지대인 동부에 인구가 집중되어 있고, 동부의 도시들을 중심으로 공업이 발달하고 있다. 석탄, 철광석, 텅스텐, 석유 등의 지하자원이 많이 나고 있다. 최근에 시장 경제 원리를 도입, 풍부한 노동력으로 빠르게 경제 성장을 하고 있다. 베이징은 중국의 수도이며, 상하이는 대한민국 임시정부가 있던 곳으로 우리나라 독립 운동의 근거지가 된 곳이다. 현재는 상공업이 발달한 중국 최대의 도시인 옌볜 지역은 조선족 자치주가 있는 곳이다.

[출처 : 초등6 사회 교과서]

수평형 맵핑법의 예시

중국

- 역사적 배경
  - ① 문명 : 황하 문명
  - ② 우리나라와의 관계 : 역사적으로 유대가 깊다.
  - ③ 유산 : 유교, 한문, 도자기, 비단, 종이, 화약
- 자연 환경
  - ① 인구 : 세계에서 인구가 가장 많다.
  - ② 면적 : 아시아 면적의 1/5, 전 세계 육지의 1/15
  - ③ 기후 : 한랭 기후부터 아열대 기후까지
- 산업
  - ① 공업화 : 동부에 집중
  - ② 자원 : 석탄, 철광석, 텅스텐, 석유
  - ③ 추세 : 최근 시장 경제 도입, 빠르게 성장
- 주요 도시
  - ① 베이징 : 중국의 수도
  - ② 상하이 : 대한민국 임시정부, 상공업이 발달한 최고
  - ③ 옌볜 지역 : 조선족

연 습 문 제

우리 문화의 특징

■ 한국의 정서

우리 민족의 문화는 반만 년 이상의 유구한 역사를 자랑한다. 한민족의 사회문화적 환경에 기반을 두고 끊임없는 변화의 과정을 거쳐서 세계 문화 속에 한국 문화의 독창성을 키워 가고 있다. 부모님께 효도하고 웃어른을 공경하는 효도 사상과 경로 사상이 뿌리깊이 발달하였다.

■ 한국의 의생활

여름에는 시원한 삼베와 모시를, 겨울에는 따뜻한 견직물과 모직물로 된 옷을 즐겨 입었다. 전통적으로 한복을 입었고, 오늘날 한국을 대표할 수 있는 옷이 한복이다.

■ 한국의 식생활

여름에는 시원한 챗국, 무침, 쌈을 먹었고, 겨울에는 뜨거운 국물과 찌개, 구이를 즐겨 먹었다. 김치, 간장, 된장, 고추장 등과 같은 발효 음식이 발달하였다.

■ 한국의 주생활

더위와 습기를 피하기 위해 마루를 만들었고, 추위와 바람을 막기 위해 돌을 사용하였다. 한옥의 특징은 온돌과 마루 시설이다.

■ 서양 사람들의 눈에 비친 우리의 정신 문화

아놀드 토인비 교수는 런던에서 한국인 교수를 만났을 때, 효를 세계 속에 심어 줄 것을 당부하였다. 동양 사상을 연구하고 있는 서양의 일부 학자들은 동양의 효를 법으로 제정, 시행하여 노인 문제를 해결하자고 제안하기도 하였다. 영국에서는 1990년대에 들어서면서 자녀들로 하여금 나이 드신 부모님을 모시고 살도록 권장하고 있다.

[출처 : 초등6 사회 교과서]

수평형 맵핑법으로 표현해 보기

(4) 핵심어 나열법(캔디법)

핵심어 나열법이 적절한 글의 종류는 다양한 주제나 개념들의 순서, 경로, 흐름 및 과정 등이 제시되어 있는 글입니다.

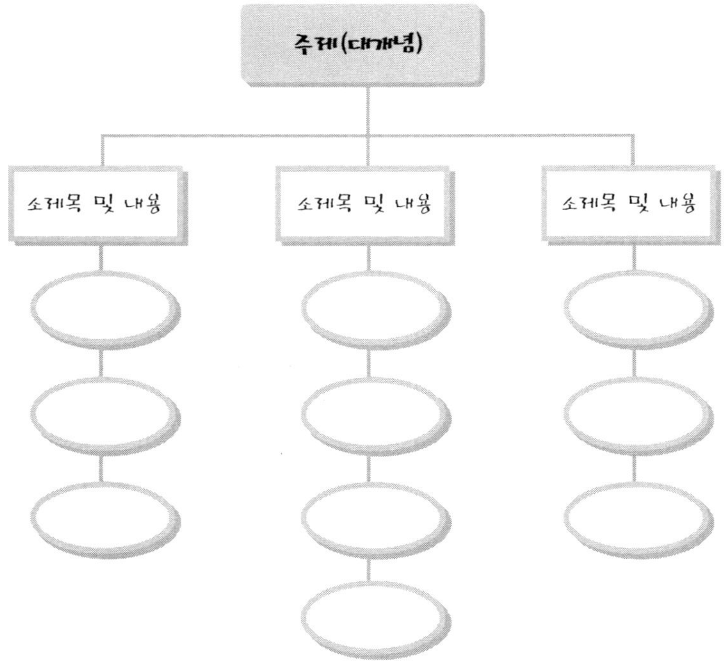

예 시 보 기

청각기

귀는 외이(귓바퀴, 귓구멍), 중이(고막, 청소골, 유스타키오관), 내이(달팽이관, 반고리관, 전정기관)의 세 부분으로 나뉜다. 외부로부터 오는 자극은 고막을 진동시킨다. 청소골은 3개의 뼈로 구성되며, 고막의 진동이 전달된다. 달팽이관에는 청세포가 분포되어 있어 소리의 자극을 느낀다. 유스타키오관은 외이와 중이의 압력을 같게 유지시켜서 고막이 터지는 것을 방지한다.

청각의 전달 경로는 다음과 같다.
소리 ⇨ 귓바퀴 ⇨ 귓구멍 ⇨ 고막 ⇨ 청소골 ⇨ 달팽이관의 청세포 ⇨ 청신경 ⇨ 대뇌

평형 감각과 관련하여 반고리관과 전정기관이 몸의 평형을 유지시켜 준다. 반고리관은 3개의 반고리 모양의 뼈가 서로 직각으로 배열되어 있으며, 회전 감각을 느낀다. 전정기관은 달팽이관의 위쪽에 있고, 중력이나 위치 감각 등을 느낀다.

[출처 : 중1 과학 교과서]

핵심어 나열법의 예시

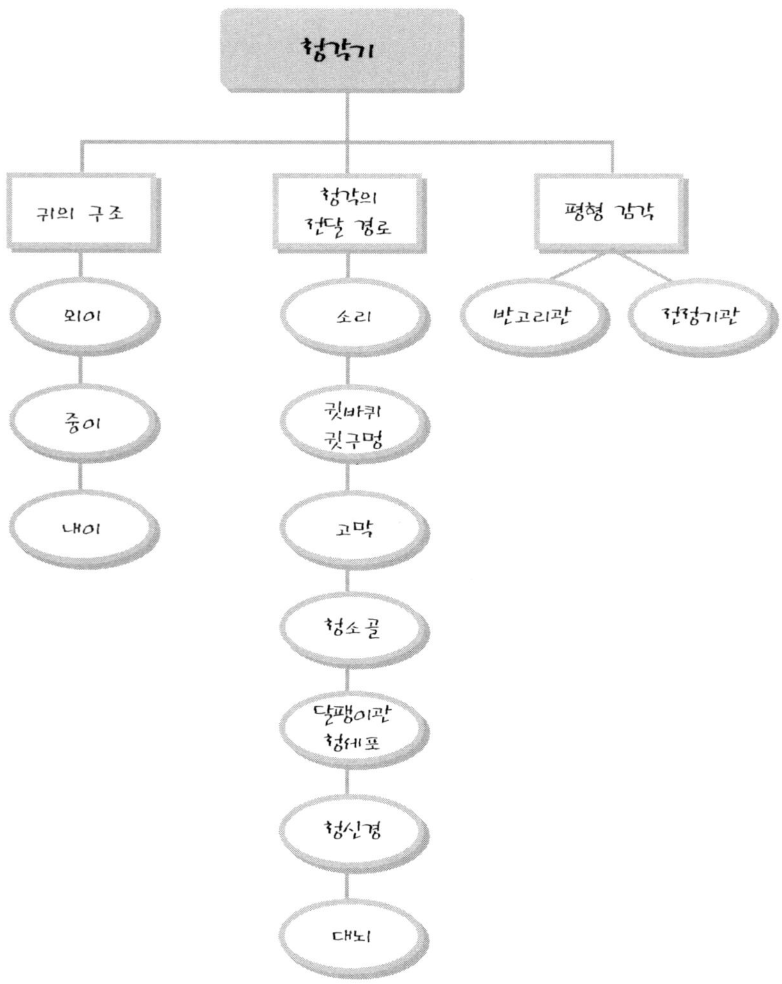
청각기
귀의 구조
외이
중이
내이
청각의 전달 경로
소리
귓바퀴
귓구멍
고막
청소골
달팽이관
청세포
청신경
대뇌
평형 감각
반고리관
전정기관

연 습 문 제

환경 오염

인간 활동에 의해 발생되는 대기·수질·토양 오염 및 소음·진동 등으로 자연 환경이나 생활 환경을 손상시키는 현상을 말하며, 공해라고도 한다. 환경 오염의 종류로는 수질 오염(부영양화, 적조 현상 등), 대기 오염(오존층 파괴, 스모그, 산성비 등), 토양 오염(농약, 쓰레기 등으로 인한 토양의 산성화), 쓰레기 문제(플라스틱과 같이 썩지 않는 쓰레기 등), 소음, 지하수 오염, 방사능 오염 등이 있다.

환경 오염에 대한 조사 계획으로는 1) 조사 주제 : 물 오염, 공기 오염, 토양 오염, 소음, 쓰레기 문제, 지하수 오염, 방사능 오염, 2) 조사 내용 : 원인, 심각성, 보존 방법 등, 3) 조사 방법이 있으며, 조사 방법의 단계를 살펴보면 다음과 같다.

① 주변에서 오염 정도와 종류를 직접 조사한다.
② 인터넷을 검색하여 그 결과를 출력한다.
③ 도서관 등에서 책을 찾아 관련 내용을 복사하거나 요약한다.
④ 신문이나 잡지 등에서 관련 기사 내용을 스크랩한다.

정리 방법 : 개별 또는 집단별로 마인드맵을 작성한다.

[출처 : 초등6 과학 교과서]

핵심어 나열법으로 표현해 보기

(5) 주제별 정리법(나뭇가지법)

주제별 정리법은 한 가지 주제에 관련한 세부 내용이 많은 글의 시각적 효과를 높이고자 하는 것입니다.

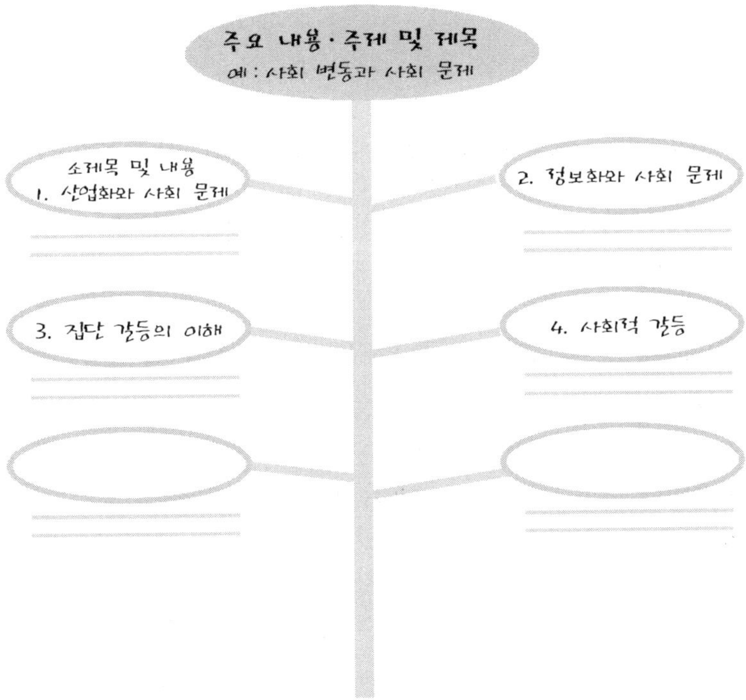

예 시 보 기

고려가요

- **개념 및 명칭** : 고려 시대에 평민들이 부르던 노래로서 통상 '고려속요'라 부른다. 달리 '고려가요' 또는 '고속가', '장가', '여요'라고도 한다.
- **형성** : 민요로부터 발원하여 형성된 것으로, 구전되어 오다가 훈민정음 창제 이후 문자로 정착되기 시작했다. 향가가 쇠퇴하면서 귀족층의 한문학이 고려의 문학을 이끌어 가게 되자, 평민층에서 새로이 나타난 노래가 고려가요다. 조선 시대 유학자들에 의해 문자로 정착되는 과정에서 남녀상열지사라고 하여 개작 또는 삭제되어 현재 전하는 것은 '악학궤범'에 4편, '악장가사'에 8편, '사용향악보'에 위 두 책에 없는 것으로서 2편이 전한다.
- **특징** : 형식상의 특징으로는 대부분이 ① 분절체(주로 3·3·2조 또는 3·4·4)로 구성되어 있다. ② 후렴구 또는 조흥구가 발달되어 있다. ③ 순 우리말로 구전되다가 훈민정음 창제 이후 문자로 정착되었다. 내용상의 특성으로는 ① 현세적이고, 향락적이며, 주로 남녀 간의 사랑, 자연에 대한 예찬, 이별의 아쉬움 등 평민들의 숨김없는 인간성을 그대로 잘 나타내고 있다. ② 남녀 간의 애정을 솔직히 표현한 작품이 다수 창작되었으나, 후대에 남녀상열지사라 하여 문헌에 싣지 않았다. ③ 주제는 대체로 풍류적이고 현세적인 것들이 많다.
- **고려가요 작품 개관**

작품명	성 격	특 징
정읍사	망부석 사연	현전 유일의 백제가요
사모곡	효심	곡조명 : 엇노리, 〈목주가〉와 연관됨.
상저가		백결 선생의 〈대악〉의 후신
동 동	송도	월령체(달거리 형식) 노래의 효시
정석가		불가능한 상황 설정을 통한 송축
처용가	축사	향가(처용가)에서 발전, 희곡적 노래
청산별곡	현실 도피	비애, 고독, 도피, 체념
가시리	별리의 정한	이별의 한, 기다림의 전통적 여심
서경별곡		강물의 공간에서 이루어진 극적 이별
쌍화점	솔직 담백한 사랑	남녀상열지사
만전춘		남녀상열지사, 시조의 형식
이상곡		남녀상열지사
유구곡	애조	정치 풍자

[출처 : 고등국어(상) 교과서]

주제별 정리법의 예시

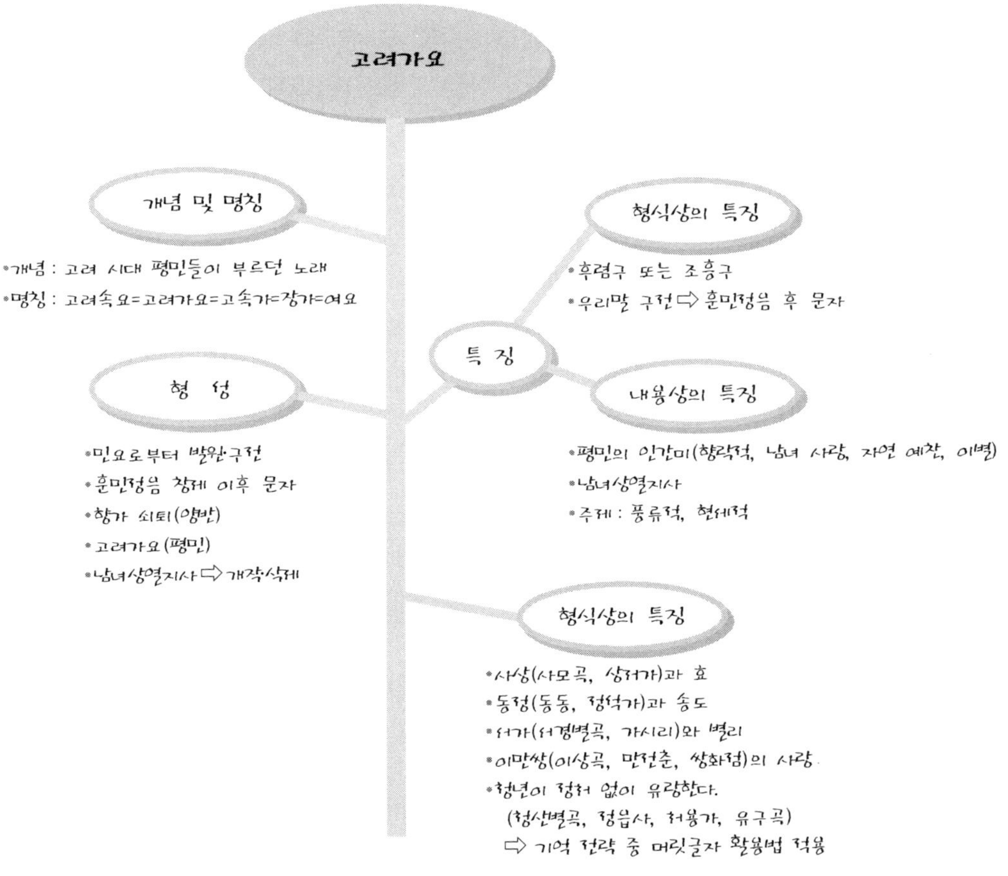
고려가요
개념 및 명칭
•개념 : 고려 시대 평민들이 부르던 노래
•명칭 : 고려속요=고려가요=고속가=장가=여요
형 성
•민요로부터 발원·구전
•훈민정음 창제 이후 문자
•향가 쇠퇴(양반)
•고려가요(평민)
•남녀상열지사 ⇨ 개작·삭제
특 징
형식상의 특징
•후렴구 또는 조흥구
•우리말 구전 ⇨ 훈민정음 후 문자
내용상의 특징
•평민의 인간미(향락적, 남녀 사랑, 자연 예찬, 이별)
•남녀상열지사
•주제 : 풍류적, 현세적
형식상의 특징
•사상(사모곡, 상저가)과 효
•동정(동동, 정석가)과 송도
•서가(서경별곡, 가시리)와 별리
•이만쌍(이상곡, 만전춘, 쌍화점)의 사랑
•청년이 정처 없이 유랑한다.
(청산별곡, 정읍사, 처용가, 유구곡)
⇨ 기억 전략 중 머릿글자 활용법 적용

연습문제

희곡의 구성

■ 희곡의 뜻

무대 상연을 목적으로 작가가 상상한 이야기를 쓴 연극의 대본으로, 인간의 행동과 갈등을 대사와 지시문의 형식으로 표현한 산문 문학의 한 갈래다.

■ 희곡의 갈등

주인공의 생각이나 의지가 다른 인물, 환경, 상황에 부딪힐 때 일어나는 대립을 말한다. 갈등에는 두 가지가 있는데, 갈등의 원인이 인물의 내부에 있는 경우 내적 갈등으로, 갈등의 원인이 외부(사회, 개인)에서 오는 경우 외적 갈등으로 구분한다.

■ 희곡의 구성 단계

발단은 등장인물과 배경이 소개되고 사건이 시작되면서 갈등이 일어나는 단계다. 전개는 인물 간의 갈등이 심화되고 사건이 복잡하게 얽히면서 긴장과 흥분을 더해 주는 단계다. 절정은 인물 간의 대립과 갈등이 최고조에 이르며, 주제가 드러나는 단계다. 하강은 사건이 반전하여 갈등 해결의 실마리가 잡혀 가는 단계다. 대단원은 갈등과 대립이 해소되어 사건이 마무리되는 단계다.

■ 희곡의 특성

무대 상연을 전제로 한 문학이며, 행동과 대사의 문학이다. 대립과 갈등을 본질로 하고, 현재화된 인생을 보여 주는 문학이다. 시간적·공간적 제약이 많다.

■ 희곡의 형식상 구성요소

•해설 : 희곡의 첫머리에서 무대장치, 등장인물, 때와 장소를 소개하는 글

•대사 : 등장인물의 말 대화, 독백, 방백

•지시문 : 등장인물의 행동, 표정, 무대장치 등을 지시하는 말

[출처 : 중3 국어 교과서]

주제별 정리법으로 표현해 보기

(6) 논증법(추론법)

논증법이 적절한 글의 종류는 어떤 사실, 주장, 관점 및 현상에 대한 이론적, 철학적, 학문적 추론 및 설명으로 이루어진 글입니다.

예 시 보 기

'진달래꽃' 주제와 한(恨)의 시적 반영에 대해서

'진달래꽃'은 연인과의 이별을 가상적 주제로 하여 그 사랑의 감정을 시로 쓴 작품이다. 그런데 텍스트를 꼼꼼히 읽어 보면 화자는 스스로 님을 떠나보내는 것이 아니라 님으로부터 버림받은 것임을 알 수 있다. 사랑이라는 가치 척도에 있어서 화자가 당한 이 같은 상황보다 더 비극적인 경우는 아마도 없을 것이다. 그러므로 우리는 '진달래꽃'에서 이별로 인해 겪어야 했을 화자의 심리적 상황을 우선 살펴보아야 한다. '진달래꽃'에 있어서 화자의 감정 발전은 각 연의 마지막 행에 의하여 극적으로 전개되고 있다. 화자는 연인으로부터 버림을 받지만 슬픔에 앞서 ① 연인을 말없이 고이 보내 드리고, ② (진달래꽃을) 아름 따다 가실 길에 뿌려 드리며, ③ 떠나는 연인에게 짓밟힘을 마다하지 않고(제3연, 이 경우 땅에 뿌려진 진달래꽃은 화자의 마음과 동일화된 객관적 상관물이 될 것이다), 마침내 ④ 죽어도 눈물 흘리지 않기로 결심한다.

그러나 이와 같은 일련의 행동에서 우리는 한 가지 의문이 생기지 않을 수 없다. 연인에게 버림받아 증오심과 원한에 빠진 사람이 이처럼 맹목적인 순종이나 관용의 미덕만을 보여 준다는 것이 상식적으로 가능한 일인지 도저히 이해가 되지 않기 때문이다. 그러므로 우리는 화자의 이 부자연스러운 행동을 통해 겉으로는 드러나지 않는 어떤 내적 진실이 은폐되어 있지 않았을까 유추해 볼 수 있다. 그리고 이 은폐된 진실, 그리고 은폐의 목적인 '진달래꽃'의 본질을 해명함에 있어 일차적으로 풀어야 할 숙제라고 나는 생각한다.

한 인간에게 있어 속과 겉이 다른 행동은 심리학의 주요한 관심사다. 그중에서도 특히 반동 형성(反動形成 : reaction formation)이라고 부르는 정신 현상이 그러한데, 그것은 반동 형성이 자아 보호의 대표적 방위 기제인 까닭이다. '진달래꽃'의 화자가 보여 준 모순된 행위 역시 이 유형에 속하는 방위 기제가 아닐까? 프로이트에 의하면, 모든 본능과 그 파생물은 삶과 죽음, 사랑과 미움, 건설과 파괴, 능동과 피동, 우월과 굴복 등의 몇 쌍의 대립물로 정리될 수 있다. 그런데 이런 본능들 중의 하나가 직접 혹은 초자아(superego)를 경유해서 압력을 가해 오면 자아는 불안에 빠진다고 한다. 따라서 만일 압력의 원인이 되는 그 본능의 충동을 그와 대립되는 다른 본능에 집중시킨다면 자아는 그 불안을 어느 정도 해소시킬 수 있을 것이다. 그리하여 프로이트는 이처럼 본능 충동을 다른 본능 충동으로 전위시켜 불안을 해소시키는 정신 현상을 반동 형성이라고 규정하였다.

(중략)

'진달래꽃'에서 화자가 님에게 보여 준 순종과 관용의 미덕 역시 이와 같은 반동 형성의 심리에서 나온 행동이라고 생각한다. 즉, 표면에 나타난 순종의 미덕은 자기 방위를 위한 위장술 이상이 아니며, 화자의 진실은 오히려 언어의 심층에 숨어 있다는 뜻이다. 화자는 님을 너무나 사랑하고 있으므로 님과 헤어져 산다는 것을 도저히 상상할 수 없다. 그런 님인 까닭에 화자는 지금 이 상황에서는 부득이 일시적으로 헤어진다고는 하나, 언제인가는 다시 님과 합쳐야 하리라고 믿는다. 즉, 화자는 님과의 이별을 현실적으로 받아들이기를 거부하고 언제인가 다시 그가 돌아올 것을 확신(혹은 기대)하는 것이다.

[출처 : 오세영, 「김소월, 그 삶과 문학」 중에서]

논증법의 예시

김소월의 '진달래꽃'

주제와 한(恨)의 시적 반영

진달래꽃은 연인과의 이별을 가상적 주제로 하여 그 사랑의 감정을 시로 쓴 작품

이별로 인해 겪어야 했을 화자의 심리적 상황을 우선 살펴보아야 한다.
화자의 감정 발전은 각 연의 마지막 행에 극적으로 전개되고 있다.
⇨ 연인에게 버림받은 사람이 어떻게 맹목적인 순종과 관용의 미덕을 보여 줄 수 있나?

어떤 내적인 진실이 은폐되어 있는 것은 아닐지 유추해 볼 필요가 제기됨

심리학적 설명 : 반동 형성(反動形成 : reaction formation)
: 자아 보호의 대표적 방위 기제
: 프로이트에 따르면, 본능 충동을 다른 본능 충동으로 전위시켜 불안을 해소시키는 정신 현상
⇨ '진달래꽃'에서 화자가 보여 준 순종과 관용의 미덕은 반동 형성의 심리에서 나온 행동으로 생각해 볼 수 있다.
⇨ 표면에 나타난 순종의 미덕은 자기 방위를 위한 위장술. 그렇다면 화자의 진실은?
⇨ 언어의 심층에 숨어 있다.

'진달래꽃'의 언어 심층에 반영되어 있는 화자의 심리(주제와 한)

사랑하는 이와 헤어지는 것은 상상할 수 없는 일이며, 일시적으로는 헤어지지만 반드시 다시 만나야 된다고 믿는다.
님과의 이별을 현실적으로 받아들이기를 거부하고, 언제인가 다시 그가 돌아올 것을 확신(혹은) 기대한다.

연습문제

한글의 우수성

한글의 우수성은 특히 그 제자(製字) 원리에 있다. 한글의 제자 원리는 얼마나 우수한가? 훈민정음 연구로 학위를 받은 미국 컬럼비아 대학 동아시아학 교수 게리 레드야드는 그 학위 논문에서 이렇게 찬탄했다. “글자 모양과 기능을 관련시킨다는 착상과 그 착상을 실현한 방식에 정녕 경탄을 금할 수 없다. 유구하고 다양한 문자의 역사에서 그런 일은 있어 본 적이 없다. 소리 종류에 따라 글자 모양을 체계화한 것만 해도 엄청난 일이다. 그러나 그 글자 모양 자체가 그 소리와 관련된 조음 기관을 본뜬 것이라니, 이것은 견줄 데 없는 언어학적 호사다.”

레드야드가 지적했듯, 한글의 닿소리 글자들은 조음 기관을 본떴다. 예컨대, ‘ㄱ’과 ‘ㄴ’은 이 글자들이 나타내는 소리를 낼 때 혀가 놓이는 모양을 본뜬 것이다. ‘ㅁ’은 입 모양을 본뜬 것이고, ‘ㅅ’은 이 모양을 본뜬 것이며, ‘ㅇ’은 목구멍을 본뜬 것이다. 조음 기관의 생김새를 본떠 글자를 만든다는 착상은 참으로 놀랍다. 그런데 더 놀라운 점은 거기서 그치지 않는다. ‘소리 종류에 따라 글자 모양을 체계화’했다는 레드야드의 말은 무슨 뜻인가? 조음 기관을 본뜬 기본 글자 다섯(ㄱ, ㄴ, ㅁ, ㅅ, ㅇ)에다 획을 더함으로써 소리 나는 곳은 같되, 자질(소리바탕)이 다른 새 글자들을 만들어 냈다는 뜻이다. 예컨대, 연구개음(어금닛소리) 글자인 ‘ㅋ’을 만들고, 양순음(입술소리) 글자인 ‘ㅁ’ 에 획을 차례로 더해 같은 양순음이되, 새로운 자질이 더해진 ‘ㅂ’과 ‘ㅍ’을 만들어 냈다는 것이다. 로마 문자와 비교해 보면 한글에 함축된 음운학 지식이 얼마나 깊고 정교한지 금방 드러난다. 예컨대, 이나 잇몸에 혀를 댔다 떼면서 내는 소리들을 문자로는 N, D, T로 표시하지만, 이 글자들 사이에는 형태적 유사성이 전혀 없다. 그러나 한글은 이와 비슷한 소리를 내는 글자를 ‘ㄴ, ㄷ, ㅌ’처럼 형태적으로 비슷하게 계열화함으로써, 이 소리들이 비록 자질은 다르지만 나는 곳이 같다는 것을 한눈에 보여 준다. 즉, 훈민정음 창제자들은 음소 단위의 분석에서 더 나아가, 현대 언어학자들처럼 음소를 다시 자질로 나눌 줄 알았던 것이다. 그래서 영국의 언어학자 제프리 샘슨은 한글을 로마 문자 같은 음소 문자보다 더 나아간 자질 문자라고 불렀다. 언어학적 호사의 극치라는 레드야드의 찬탄은 과장이 아니다.

[출처 : 고종석, ‘한글, 언어학적 호사의 극치’, 한국일보 2001. 10. 17]

논증법으로 표현해 보기

(7) 대비법

대비법이 적절한 글의 종류는 두 가지 이상의 주제, 관점 및 이론 등이 대비되어 제시되어 있는 글입니다.

〈기술식〉

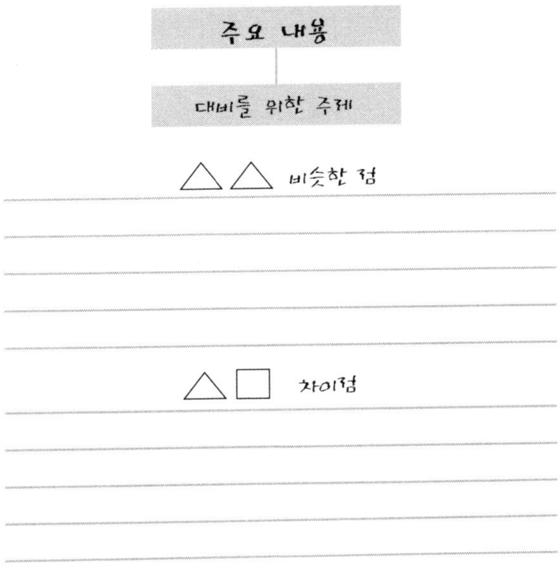

〈도표식〉

	A (비교의 주체)	B
공통점		
차이점 1		
차이점 2		
차이점 3		
종합적 비교		

예 시 보 기

언어 활동의 비평적 준거

■ 내적 준거

내적 준거란 말이나 글 자체의 내적인 요소에 관계되는 기준으로, 어휘나 문장 또는 구성에 나타나는 표현상의 요소, 글을 이루고 있는 부분들과 전체의 관계를 이루는 여러 요소에 적용된다. 내적 준거에는 정확성(다루고 있는 사실이 정확하게 표현되어야 하며, 말하고자 하는 바가 분명해야 한다), 적절성(느낌 또는 판단의 근거가 적절하게 드러나야 하며, 거기서 이끌어 낸 생각이 타당한 결과라야 한다), 유기성(각 부분은 독자적이면서 일관성을 갖추어야 하며, 말이나 글 전체와 유기적인 관계로 조화를 이루어야 한다)이 있다. 주어진 말과 글의 의미 파악을 넘어서, 파악된 의미에 대해 여러 기준을 적용하여 판단할 수 있는 능력은 이해의 최종 목표에 해당하므로, 말과 글의 이해 과정에서는 여러 비평적 준거를 활용하여 비판적으로 이해할 수 있어야 한다.

■ 외적 준거

다른 사람의 말과 글을 접할 때에는 그 말과 글이 제시하는 생각을 그대로 받아들이기보다는 자신의 의견에 비추어 판단하여 다각적인 측면에서 평가하는 태도가 요구된다. 다시 말하면 외적 준거란 글의 외적인 요소, 즉 글이 읽히는 상황과 관계되는 기준으로, 언어 활동 요소 가운데 화자(필자), 상황, 청자(독자) 등에 관계되는 기준이다. 즉, 일반적 진리, 시대적·사회적 상황, 글이 독자에게 미치는 영향 등과 관련하여 글의 가치를 평가하는 것이다. 외적 준거에는 신뢰성(다루고 있는 사실과 그에 대한 생각이 사실에 부합하고 믿을 만하여 받아들일 수 있는 것이라야 한다), 공정성(대상을 바라보는 시각이나 문제의식, 그리고 그것을 다루어 나가는 방식이 어느 한쪽에 치우치는 편견에 사로잡히지 않고 공정해야 한다), 효용성(다루고 있는 문제가 논의할 만한 가치를 지니고 있어야 하며, 그에 대한 판단이 사회·시대적 상황에 비추어 볼 때 쓸모 있고 유의미한 것이라야 한다)이 있다. 말과 글을 둘러싼 상황과의 관련을 고려하면서 말과 글이 다루고 있는 내용이 받아들일 만한 가치가 있는 것인지를 판단하는 태도를 갖추도록 한다.

[출처 : 고등국어(하) 교과서]

대비법의 예시

언어 활동의 비평적 준거				
	내적 준거		외적 준거	
요 소	정확성	•사실이 정확하게 •말하고자 하는 바가 분명하게	신뢰성	•생각이 사실에 부합 •믿을 만하고 받아들일 수 있는 것
	적절성	•느낌과 판단의 근거 적절 •이끌어 낸 생각의 타당성	공정성	•편견에 사로잡히지 않고 공정해야
	유기성	•독자적이면서도 일관성 있게 •글 전체와 유기적으로 조화	효용성	•논의할 만한 가치 •판단의 사회, 시대적 유의미성
필요성	언어 활동에 대한 비평 활동을 통해 읽기 이해력, 상황 및 가치 판단력 등을 향상시킬 수 있다.			

연 습 문 제

작품 이해의 방법들

■ 역사전기적 방법

작품을 둘러싸고 있는 외적 환경 요소나 작가에 대한 연구로 작품에 접근하여 해석하는 방법으로 외재적 방법이라고도 한다. 이육사나 윤동주, 한용운의 시를 해석할 때 그의 항일 경력과 관련지어 해석하는 것이 그 예다. 원본 확정, 작품에 쓰인 언어에 대해 역사성, 사회성 검토, 작가가 어떻게 살았는가 등에 관한 연구가 이에 포함된다.

■ 형식주의적 방법

작가나 그 작품이 나온 시대적 환경 등 작품외적 요소는 전혀 고려하지 않고, 오직 작품 자체의 내적 질서와 의미만을 탐구하는 방법으로 내재적 방법이라고도 한다. 언어의 유기적 질서에 대한 분석, 언어의 소리, 의미, 이미지, 어조 중시, 반어·역설·비유, 상징 등에 대한 관심 등이 이에 포함된다.

■ 심리주의적 방법

프로이트의 정신분석학의 이론을 도입하여 문학 작품을 해석하는 방법이다. 심리주의 이론을 이용하여 작중 인물의 성격을 분석하거나, 개인적 상징을 해명하며, 숨은 의미를 파악한다.

■ 신화주의적 방법

인간의 원시적 경험의 형태가 작가에 의해 어떻게 재현되는가를 탐구하는 방법으로 원형 비평이라고도 한다. 문학을 포함한 인간의 모든 사고, 행동 체계가 원시적 제의나 그와 관련된 신화적 우주관, 세계관과 밀접한 관련을 맺고 있다고 보는 견해다.

■ 사회학적 방법

문학을 사회적 소산으로 보고, 사회·문화적 요인의 복잡한 상호관계의 반영이나 결과로 해명하려는 방법이다. 이 관점에서는 문학과 사회 제도, 작자의 사회적 지위, 문학의 소재로서 사회의 모습, 문학의 전달과 공급의 문제를 다룬다.

[출처 : 고등국어(상) 교과서]

대비법으로 표현해 보기

(8) 연대기법(시대 흐름법)

연대기법이 적절한 글의 종류는 전기문이나 사상, 이론 및 제도 등의 변화가 시대별·연대기적으로 제시되어 있는 글입니다.

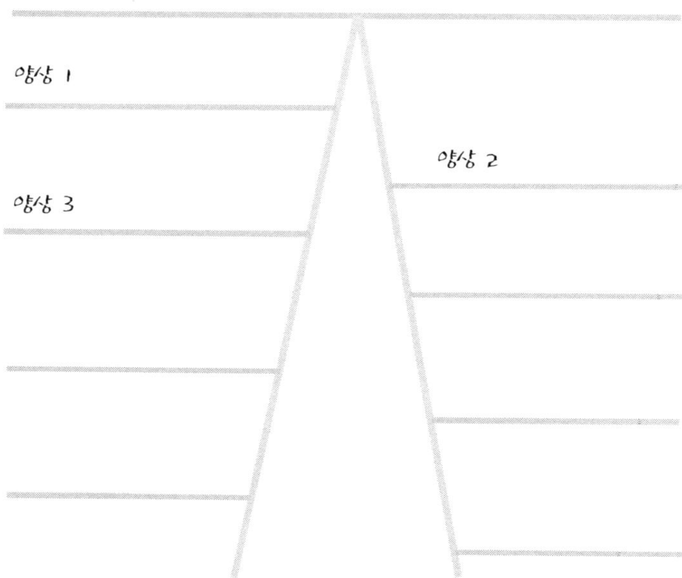

예 시 보 기

최현배 선생의 일대기

최현배 선생은 1894년에 경상남도 울산시에서 태어났다. 선생은 서당에서 한문을 배운 뒤, 고향에 있는 일신학교에서 잠시 신식 교육을 받았다. 1910년, 선생은 서울로 올라와 경성 고등보통학교에 다녔다. 그리고 그 무렵, 주시경이 세운 조선어 강습원에서 3년간 한글과 문법을 배웠다. 선생은 1915년에 경성 보통학교를 졸업하고, 그 해 일본으로 건너가 히로시마 고등사범학교에 들어가 1919년에 졸업하였다. 공부를 마치고 귀국한 선생은 부산에 있는 동래 고등보통학교에서 1920년부터 학생들을 가르쳤다. 1922년, 다시 일본으로 건너간 선생은 교토 제국대학 문학부 철학과에서 교육학을 공부하였다. 1926년, 연희 전문학교 교수로 부임하여 이때부터 본격적으로 국어 연구를 시작했다. 선생은 조선어학회 회원으로 열심히 활동하였고, 1929년에 조선어사전 편찬 준비 위원이 되었다. 1933년에는 '한글 맞춤법 통일안'을 만드는 일에 참여하는 등 한글 연구에 힘썼다. 선생은 연희 전문학교 교수로 재직하던 중 1939년 이상재, 윤치호 등과 함께 기독교계 민족주의 운동 단체 사건에 관여했다는 이유로 학교를 그만두어야 했다. 선생은 집에 머무르면서 훈민정음의 역사와 이론에 대해 폭넓게 연구하여 『한글갈』을 펴냈다. 1941년, 선생은 다시 연희 전문학교에 도서관 직원으로 복직했다. 그러나 이듬해 조선어학회 사건으로 체포되어 8·15광복 때까지 3년간 옥살이를 하였다. 8·15광복으로 석방된 선생은 문교부 편수국에서 중책을 맡아 보면서 우리나라 교과서의 기틀을 잡았다. 이어 한글학회 상무이사, 이사장 등을 지냈다. 1954년부터 연세대학교 교수, 문과대 학장, 부총장 등을 지냈다. 선생은 1968년에 세종대왕기념사업회 대표이사에 취임하였으며, 1970년 3월 23일, 향년 77세로 별세하였다. 선생은 50여 년 동안 한글을 연구하고 가르치면서, 순 우리말 쓰기 운동을 고집스레 펼쳤다. 선생은 우리 민족이 한자의 영향력에서 벗어날 수 있도록 많은 노력을 기울였다. 그리고 『우리말본』, 『한글갈』, 『글자의 혁명』, 『나라 사랑의 길』 등의 책을 남겼다.

[출처 : 중2 국어 교과서]

연대기법의 예시

최현배 선생의 일대기

1894년 : 경상남도 울산시에서 출생
1910년 : 서울 상경, 경성 고등보통학교 다님
1915~1919년 : 히로시마 고등사범학교 다님
1920년 : 동래 고등보통학교에서 학생들 가르침
1922년 : 일본으로 건너가 교육학 공부함
1926년 : 연희 전문학교 교수로 부임, 국어 연구 시작
1929년 : 조선어 사전 편찬 준비위원이 됨
1933년 : '한글 맞춤법 통일안' 제작 참여
1939년 : 기독교 민족주의 운동 단체 사건으로 학교를 그만둠
1941년 : 도서관 직원으로 복직
1942~1945년 : 조선어학회 사건으로 옥살이
1945년 이후 : 교과서에 관한 일을 맡아봄
1954년 : 연세대학교 교수, 문과대 학장, 부총장 등을 지냄
1968년 : 세종대왕기념사업회 대표이사 취임
1970년 : 별세

연 습 문 제

우리나라의 통일 정책 변천 과정

1950년대는 북한의 무력 남침으로 통일의 꿈은 사라지고 국토 분단이 심화되었다. 1960년대에는 한국의 강력한 반공 체제 등장과 함께 남북 협상이 후퇴되는 시기였다. 1970년대는 '평화통일구상', '7·4공동성명'을 통해 우리 정부가 적극적으로 평화 통일 정책을 펴 나가면서 남북 대화를 주도했던 시기였다. 1980년대는 '한민족공동체통일방안'을 통해 자주, 평화, 민주의 통일을 주장하였고, 남북한의 만남과 교류가 활발한 시기였다. 국제적으로 고르바초프의 페레스트로이카 정책으로 동구권의 민주화가 가속되어 여러 동구 공산 국가가 붕괴되었으며, 1989년 동서 냉전의 벽인 베를린 장벽이 무너진(독일 통일) 시대였다. 1990년대는 1994년 남북정상회담 합의, 고위급 회담, 서울과 평양을 오가며 이루어진 통일 축구, 세계탁구선수권대회의 스포츠 교류와 유엔 동시 가입 등 화해와 협력, 교류의 시대였다. 2000년대는 베를린 4대 선언, 이산가족 상봉, 역사적인 남북정상회담 등 분단을 넘어 통일로 가는 역사적인 해로 출발하였다.

[출처 : 초등6 사회 교과서]

연대기법으로 표현해 보기

저자약력

■ 최정원

성심여자대학교 심리학과 학사
가톨릭대학교 대학원 심리학과 석사
가톨릭대학교 대학원 심리학과 박사과정
가톨릭대학교 학생생활상담소 상담 및 임상 인턴과정 수료
계요병원 신경정신과 임상심리전문가 수련
중앙 길병원 신경정신과 임상심리전문가 수련
한국발달심리연구소 연구원
한림인지학습연구원 임상심리전문가
(현) 임상심리연구소 학습과 사랑 대표

[저서 및 논문]
학습효율성증진 프로그램(한국발달심리연구소, 2003)
학습기술개입에 관한 개관(학생생활상담, 2002)외

■ 이영호

서울대학교 심리학과 학사
서울대학교 대학원 심리학과 석사
서울대학교 대학원 심리학과 박사
서울대학교병원 신경정신과 임상심리전문가 수련
임상심리전문가
정신보건임상심리사 1급
한국임상심리학회 회장 역임
(현) 가톨릭대학교 사회과학부 교수

[저서 및 논문]
K-WAIS 실시요강(공저, 한국가이던스, 1992)
심리학-인간의 이해(공저, 학지사, 1996)
임상심리학입문(역서, 학지사, 2001)외 다수

학생용 워크북

학습치료 프로그램
효과적인 읽기 및 필기 전략 ④

2006년 7월 25일 1판 1쇄 발행
2023년 2월 20일 1판 8쇄 발행

지은이 • 최정원·이영호
펴낸이 • 김진환
펴낸곳 • (주) 학지사
04031 서울특별시 마포구 양화로 15길 20 마인드월드빌딩
대표전화 • 02)330-5114 / 팩스 • 02)324-2345
등록번호 • 제313-2006-000265호
홈페이지 • http://www.hakjisa.co.kr
페이스북 • https://www.facebook.com/hakjisabook

ISBN 978-89-5891-354-2 94370
978-89-5891-350-9 (set)

정가 6,000원

학습치료 프로그램 시리즈

[학생용 워크북] 학습동기 향상 전략 ①

값 6,000원

학습동기 향상 전략은 학습에 필요한 마음과 동기를 증진시키는 것을 통해 학업수행능력을 향상시키는 것을 목표로 한다. 목표 및 가치의 인식, 학습동기를 위한 실천 방안, 자기 이해의 장으로 구성되어 있다.

[학생용 워크북] 주의집중력 향상 전략 ②

값 6,000원

주의집중력 향상 전략은 주의집중 문제의 평가, 집중을 어렵게 하는 요인들의 탐색, 주의집중력 향상을 위한 실천 계획 및 전략 훈련을 통해 주의집중력을 향상시키는 것을 목표로 한다.

[학생용 워크북] 기억력 향상 전략 ③

값 6,000원

기억력 향상 전략은 효과적인 기억 방법을 통해 학습 내용을 보다 잘 이해하고 기억할 뿐 아니라, 학습에 필요한 일반적인 사고능력을 향상시키는 것을 목표로 한다. 주요 내용은 학습 준비와 기억 전략 실습으로 구성되어 있다.

[학생용 워크북] 효과적인 읽기 및 필기 전략 ④

값 6,000원

효과적인 읽기 및 필기 전략은 읽기를 위한 준비활동과 핵심 찾기, SQRW를 포함하는 읽기 및 필기 전략 훈련을 통해 학습 내용에 대한 이해와 깊이를 더하고 기억 및 조직화 능력을 향상시키는 것을 목표로 한다.

[학생용 워크북] 사고력 향상 전략 ⑤

값 6,000원

사고력 향상 전략은 생각의 폭과 깊이를 더해 줌으로써 학습능력과 일반적인 문제해결능력을 향상시키는 것을 목표로 한다. 사고력의 개념 이해, 창의적·논리적·비판적 사고를 증진시키기 위한 전략 및 언어적 추론능력 향상으로 구성되어 있다.

[학생용 워크북] 효과적인 외국어 학습 전략 및 수학적 문제해결 전략 ⑥

값 6,000원

외국어 학습 전략의 목표는 학습 내용을 이해, 저장 및 기억하는 데 필요한 효과적인 학습 방법을 통해 외국어 학습능력의 발달을 돕고자 하는 것이다. 주요 내용은 외국어 학습 전략 살펴보기, 효과적인 외국어 학습 전략의 실제로 구성되어 있다. 수학적 문제해결 전략은 자기 점검 활동과 단계적인 문제해결을 향상시키는 것에 초점을 맞추었으며, 수학적 태도 점검 및 수학능력 향상을 위한 실천 원리, 논리적·탐구적 활동을 통해 수학과 친해지기, 초인지적 수학능력 향상을 위한 ISLAND 전략이 있다.

학습치료 프로그램 시리즈

[학생용 워크북] 기초학습능력 향상 전략 ⑦

값 15,000원

기초학습능력 향상 전략은 문자와 구어를 통한 언어적 이해, 표현, 개념화 등의 기초학습 영역에서 어려움을 보이는 학생들을 위해 고안되었다. 주요 내용은 자모 및 낱자 익히기, 음운 인식 훈련을 통한 심화학습, 어휘 유창성 향상, 문장력 및 읽기 이해력 향상에 관한 내용으로 구성되어 있다.

[학생용 워크북] 시험불안 다루기 전략 및 시험 전략 ⑧

값 8,000원

시험불안 다루기 전략의 목표는 자기 이해와 자기 조절 능력의 향상을 통해 과도한 불안을 완화시키고, 궁극적으로 효과적인 학업 수행과 성취를 가능하게 하는 것이다. 시험 전략은 시간적 대비, 시험 유형에 따른 대처법 및 효과적인 시험 치르기 등과 관련된 기술들을 습득하고 활용하는 것을 통해 학습 능률을 향상시키는 것을 목표로 한다.

[학생용 워크북] 효과적인 시간·공간 관리 전략 및 학업 스트레스 관리 전략 ⑨

값 6,000원

효과적인 시간·공간 관리 전략은 시간 관리를 위한 지침, 다양한 시간 관리 전략, 문제 분석 및 학습 공간 관리를 통해 학업 성취에 영향을 미치는 자기 관리 및 자기 조절 능력 향상을 목표로 한다. 학업 스트레스 관리 전략은 스트레스에 대한 개념 이해, 스트레스 요인 탐색 및 다양한 스트레스 대처 전략을 통해 스트레스에 효과적으로 대처할 수 있는 능력을 향상시키는 것을 목표로 한다.

[전문가용] 학습치료 프로그램 지침서 ⑩

값 18,000원

학습치료 프로그램은 심리적 안정과 정신건강 증진을 위한 심리치료적 접근과, 효과적인 학습 전략 획득을 위한 교육적인 접근을 통합하여 초·중·고등학교 학생들의 학습능력과 학습효율성 증진이라는 목표를 달성하기 위한 것이다. 임상 장면에서는 전문가가 주의력결핍과잉행동장애(ADHD), 학습장애(LD) 및 학습지체 아동 또는 청소년에게 이 프로그램을 적용할 수 있으며, 일반 교육 현장에서는 교사가 학생들의 학습잠재력을 개발하여 보다 나은 학업 성취를 이루기 위해 폭넓게 활용할 수 있다.

[전문가용] 어휘 범주화 카드 ⑪

값 14,000원

어휘 범주화 카드를 활용하여 어휘력의 범위와 표현력을 증진시키는 활동을 할 수 있다.